Círculo Rojo

La senda del guerrero

LA SENDA DEL GUERRERO

Aridane Jesús

Círculo Rojo
EDITORIAL

Primera edición: agosto 2025

Depósito legal: AL 5951-2025

ISBN: 979-13-7023-040-1
Impresión y encuadernación: Editorial Círculo Rojo

© Del texto: Aridane Jesús
© Maquetación y diseño: Equipo de Editorial Círculo Rojo
© Ilustración de portada: Alicia Abril, Círculo Rojo

Editorial Círculo Rojo
www.editorialcirculorojo.com
info@editorialcirculorojo.com

Impreso en España - Printed in Spain

Prólogo

El hecho de que esté escribiendo esta obra se debe a las personas que han llegado a mi vida para compartir sus lecciones. Los aprendizajes que ellos mismos han adquirido y contrastado, un conjunto de momentos que me han llevado a estar frente a estas líneas, emocionado y alegre por lo que me han transmitido. Comparto con vosotros mis palabras y mi sentir en esta obra, así como lo que estas vivencias han aportado a mi vida: un conjunto de experiencias llenas de sabiduría, amor, respeto y humildad.

Quiero agradecer a todas las personas que han hecho posible este libro y que han permitido que mi energía se deposite en él. Las ideas y momentos únicos que me han brindado la oportunidad de crecer y vivir experiencias tan bonitas; mi alma las abraza con total amor. Bendecido por lo que ha hecho trascender mi noble espíritu hacia el corazón de quienes me habéis dado vuestro mensaje, os digo que me habéis hecho el mejor regalo: ofrecerme vuestra presencia, consejo y tertulia. Esta sensación de paz, sosiego y bienaventuranza llena mi corazón de alegría por tan maravillosos encuentros, cuya magnitud de riqueza es indescriptible. Me complace haber vivido todos aquellos momentos que me han llevado al gran misterio de la existencia humana. Con este abrazo de sentimientos agradables por los buenos y desafortunados hechos de las historias que he vivido, me gustaría ofrecer mi granito de arena en este libro a todo ser que busque respuestas en su camino. Una guía que le ofrecerá la experiencia necesaria para encontrar el propósito de vida y, además, aprender una de las lecciones más importantes: conocer el amor.

Antes de comenzar, quiero compartir mi visión y ofrecerte los recursos que iluminaron la oscuridad tormentosa de mi interior y permitieron renacer al ser que ahora expresa su beatitud en estas páginas. Me gustaría presentarme. Al llegar a este mundo, me dieron el nombre de Aridane Jesús. Desde muy niño, me encantaba sonreír, buscar momentos de felicidad y hacer cualquier cosa para sentirme bien. Era como si supiera desde temprana edad que, a pesar de los infortunios y problemas que pudiéramos tener, siempre había una ventana de esperanza y soluciones; un rayo de luz que podía entrar de nuevo y recomponer nuestro estado hacia el bienestar. La vida siempre fue para mí la maestra que me abrió las puertas de la percepción. Desde que estaba en el instituto, a los trece años, experimenté grandes cambios que me llevaron a hacerme preguntas a diario, sin descanso. Sumido en un eclipse de enigmas y dudas, me adentré en un camino totalmente desconocido y pavoroso; en esos momentos no podía establecer muchos encuentros con los demás ni con el mundo exterior. Mi interior me fue alejando de todas las obligaciones para inclinarme hacia una búsqueda más profunda de la existencia. Dejé los estudios y me propuse el objetivo de encontrar primero el sentido, la verdad que tanto anhelaba mi alma: la unidad, el amor, Dios.

Fui absorbido por una voz silenciosa y desconocida que me guio hacia personas y lugares que me mostraban sus victorias y derrotas. Estas experiencias despertaban en mí un flujo de información desconocida mediante conversaciones trascendentes que me llevaban a discernir la realidad. También disfrutaba establecer puntos de vista con todo aquel que estuviera dispuesto a conversar conmigo. Cada encuentro era para mí una manera de encontrar unidad mediante el uso discursivo de la palabra entre dos individuos. Por ello, llegué a amar la mayéutica, en la que, mediante preguntas, descubrimos nociones ocultas en el inconsciente. Siempre que encontraba a alguien con quien podía establecer un vínculo, se encendía en mí esa chispa de querer sacar a la luz lo que yace latente y lo que nos es difícil conocer. Me encantaba explorar todos los rincones de los fenómenos internos y externos que ocurren en el ser humano; desde que recibí esta señal o aviso que no pude ignorar, he sentido una curiosidad insaciable por lo desconocido. Un chispazo que tocó una parte de mí que no conocía y me hizo sumergirme en lo profundo, misterioso y sagrado. No podría decirte exactamente qué originó este cambio en mí, pero sí puedo afirmar que me ha dado claridad, lucidez y un encuentro más cercano con lo que estaba separado y velado ante mis ojos.

Pasé alrededor de diez años sin obligaciones, reuniéndome con amigos y participando en encuentros que llenaban mi alma de profundas enseñanzas, orientándome hacia una realidad trascendental y conquistable para todo ser humano. Este tiempo alejado de lo ordinario y cotidiano me enseñó que podíamos mejorar como sociedad y que no todo estaba perdido. Me di cuenta de que el ser humano está aquí con una misión especial que nos une. Abrí los ojos ante tanta oscuridad distorsionante y encontré una semilla tan pura que fue creciendo a medida que le dedicaba atención, voluntad y persistencia.

El vacío que sentía, unido al deseo de encontrar algo que lo llenase, me llevó a explorar distintos terrenos y ámbitos de conocimiento para encontrar respuestas a mis interrogantes. Sentí una conexión con lo que irradiaba luz en nuestra vida y me llamó la atención la electricidad. Estudié tres años esta materia, pero luego comprendí que no era lo mío. Faltaba algo que no podía visualizar en su conjunto; sabía que era algo numinoso y poderoso, pero había incógnitas que aún no estaban claras. Sentía que mi misión era diferente.

Los años siguientes fueron de soledad profunda y pocos encuentros. Los asuntos pendientes y las oportunidades que surgieron me hicieron replantear lo que buscaba; durante mi vida, ha sido muy difícil encontrar el significado de mi propósito y la razón de mi existencia. Pasé mucho tiempo buscando a qué dedicarme; no encontraba mi pasión. Estaba lleno de dudas hasta que, finalmente, experimenté un retiro medicinal que me hizo ver el trasfondo de lo que había integrado a lo largo de mi vida. La aventura que viví con estas personas me dio muchas pistas y mi alma comprendió enormes cuestiones que siempre estuvieron latentes. Comencé a leer libros y a comprender todo lo que había sucedido dentro de mí. Pude ver que cada elección me había dado la posibilidad de encontrar nuevos paradigmas y soluciones que normalmente no encontraríamos. Pasé por una época que me hizo ver lo profundo y vasto que somos, y me di cuenta de que mi misión principal era orientar a otros a descubrir su verdadero potencial. Esta visión de que somos algo más grande me llevó a adoptar una perspectiva infinitamente más amplia de lo que percibimos y a desarrollar una visión holística de los procesos internos y externos de los sucesos humanos. El despertar de esta realidad atrajo hacia mí las terapias complementarias, que me dieron la posibilidad de aprender, conocer y guiar a los demás hacia la sanación; una senda en la que el amor se expresa al andar y tropezar con cada paso que damos. La alegría de mi ser se unió al propósito de ayudar a los demás a encontrar un modo de despegue hacia el siguiente nivel evolutivo, un rumbo diferente con sentido, equilibrio y conciencia.

La bendición que el universo me otorgó al guiar a otros en su proceso me reveló que estoy en esta tierra para servir al ser humano y ofrecer un destello de luz en el alma de todos.

En cada capítulo de este libro encontrarás recursos valiosos para ayudarte a enfrentar la vida. En las siguientes páginas, te enseñaré cómo puedes desarrollarte y conquistarte a través de un camino que te mostrará los pasos necesarios para convertirte en tu mejor versión. He seleccionado cada tema con esmero para facilitarte el proceso, considerando que existe un camino que te lleva hacia tus sueños y que puedes alcanzar todo lo que te propongas. Este libro ofrece la oportunidad de cambio y te muestra que existe una realidad en la que puedes encontrar los recursos que necesitas. Es una guía para ser feliz y vivir plenamente, en la que te revelaré los pasos que me llevaron a sanar, transformarme y vivir desde el amor. He plasmado en cada página mis experiencias con el objetivo de ayudarte a comprender lo que estás viviendo. Te ofrezco una alternativa poderosa para que descubras el tesoro que hay dentro de ti y puedas vivir una vida en equilibrio y abundancia. He escrito estas páginas con la intención de mejorar nuestra conducta humana y con el objetivo de encender el motor más poderoso que existe: la luz interior.

Quiero expresar mi gratitud a todas las personas que han hecho posible este libro y que han depositado su energía en él. Me gustaría mencionar a algunas personas que han pasado por mi vida y le han dado sentido y claridad. Mi madre, que siempre ha estado ahí, apoyándome a lo largo del camino, ha sido un tesoro invaluable. Mi abuela, encantadora en sus momentos graciosos y firme como un roble ante las adversidades, le agradezco por el tiempo que estuvo a mi lado cuando era un niño y asistía a la escuela. A mi hermano, por ofrecerme su mejor enseñanza en contraste con mi propia visión. Y a mis tíos, por mostrarme desde niño la cruda realidad de la oscuridad. Os amo con todo mi corazón y siempre estaré agradecido por la oportunidad de haberos conocido.

Introducción

¿Qué harías si tuvieras el poder de cambiar tu vida?

Todavía recuerdo cuando esta información llegó a mí y comencé a tomar acción en mi crecimiento. Expandí mi mente y empecé a relacionar conceptos con preguntas que me hacían dudar de la realidad que me habían enseñado. Un cúmulo de respuestas e información me llevó a romper el velo de la ilusión que no me dejaba ver más allá. Sin duda, puedo afirmar que a veces, en nuestras vidas, suceden cosas inesperadas que tienen un profundo sentido existencial.

A lo largo de nuestro crecimiento, enfrentamos situaciones desagradables que nos provocan angustia y un sinfín de dolores, sin saber muy bien por qué vienen a nosotros ni cuál es su finalidad. Muchas veces nos dejan confundidos y sin rumbo. Desde que salimos del vientre de nuestra madre, se nos abre la puerta a un mundo totalmente nuevo que desconocemos. A pesar del dolor que conlleva el parto y los traumas del nacimiento que llevaremos a lo largo de la vida, nadie puede librarse del dolor que implica nacer en la tierra.

Todo comienza cuando somos muy jóvenes, en nuestros primeros años de vida. En ese periodo, somos muy moldeables; toda la información que llega a nuestros sentidos la damos por válida porque nuestro cerebro está en desarrollo y no ha sido estructurado. Se encuentra como una gran esponja que absorbe todo sin cuestionar. No usamos el discernimiento para distinguir; solo aceptamos la información y la damos por verdadera. A medida que crecemos, estos estímulos con los que entramos en contacto van tomando forma y se nos presenta un cambio que nos limita; reemplazamos nuestra singularidad y terminamos construyendo una personalidad que nos sabotea con más dureza. No nos percatamos de que toda nuestra vida viene totalmente diseñada, en la cual no tenemos ninguna posibilidad de elegir, y solo seguimos órdenes cuya finalidad es seguir un patrón que beneficie a otro. Lamentablemente, nuestras vidas terminan estancadas; volcamos nuestra energía en un proyecto que no es nuestro y acabamos viviendo una vida sobre la que no tenemos control, llegando a perder el equilibrio y la salud.

Nos van formando y dirigiendo hacia una meta cuyo destino desconocemos. Creemos que si seguimos el camino que nos indican, alcanzaremos lo que, por regla general, nos lleva a la felicidad. Pasamos nuestro tiempo siguiendo patrones y obligaciones que supuestamente nos llevarán a una calidad de vida «mejor» con la familia, amigos, pareja, etcétera. Nada más lejos de la realidad. La vida se vuelve totalmente mecánica y repetitiva, estresante y sin tiempo para disfrutar de nuestros pequeños momentos. ¿Y esto a qué se debe en realidad? ¿Es el destino lo que nos llevó a vivir esas experiencias? ¿O todo el horizonte de sucesos que construimos fue creado en su mayor parte por nuestras propias decisiones?

Lo que he observado y vivido en mis relaciones con otros seres humanos me ha hecho ver que estamos llenos de escasez y vacío. Terminamos aceptando una vida llena de miedo y comodidad. Una vida que no tiene sentido y que continuamos sin rumbo. Preferimos lo malo conocido que lo bueno por conocer, y ahí radica nuestro gran dilema: un profundo temor a abandonar todo lo que hemos construido.

A lo largo de mi vida, he podido observar los desórdenes de nuestra conducta debido a esa falta de conocimiento de nosotros mismos. Esa carencia de madurez y lucidez nos ha llevado a perdernos en una lucha constante, distorsionando nuestra percepción, generando conflictos de todo tipo y perdiendo la capacidad de relacionarnos armónicamente con el entorno. El camino que he transitado me ha hecho ver que estamos influenciados por nuestros cinco sentidos sensoriales. Esos sentidos nos dificultan ver más allá de nuestro territorio o zona de confort. Creemos que lo que percibimos es toda la realidad, cuando en verdad solo percibimos una pequeña parte de ella. Muchas veces recuerdo la caverna de Platón, ese mito que aprendimos en nuestras primeras clases de filosofía y que no pudimos comprender bien. Podemos describirlo así: es como si viviéramos en una cueva donde no solo tenemos una visión reducida de lo que realmente sucede en la realidad, sino que también desde ese lugar no podemos contemplar la grandeza y la verdadera naturaleza de quienes somos. Dediqué mucho tiempo a explorar mi interior; me aventuré desde muy joven a entrar en ese bosque que nos da miedo. A saltar al vacío, a permitirme explorar lo desconocido que me llamaba y no me dejaba en paz. Comprendí que el ser humano abarca una totalidad inmensa de poder y riqueza en su interior y que cada vez nos urge más ese descubrimiento; gracias a la mayéutica empleada constantemente, pude ver que dentro de nosotros hay un gran potencial. Una fuerza misteriosa, una fuente inagotable de energía que no tiene fin, creadora de todo lo que podemos imaginar.

Estoy escribiendo estas líneas para comunicarme contigo, lector, y darte una calurosa bienvenida; estoy muy contento de que hayas elegido este libro. La obra que te mostraré tiene el objetivo de darte una visión que me transformó por completo. La manera en que empecé a cambiar mi vida fue radical, y muchas veces los grandes cambios vienen cuando modificamos algo importante que no suma. Mi comprensión de la realidad estuvo sujeta a esta metamorfosis que me ha dado la libertad y riqueza interior que ahora mismo estoy detallando y sintiendo. Lo que he aprendido es a través del sendero más difícil, en el que pocos se atreven a entrar. La mayoría de nosotros preferimos ignorar lo que pasa en nuestro interior, evitando lo que debemos hacer y repitiendo siempre lo mismo. En este libro, en cambio, te compartiré todos mis recursos para que logres encontrar la fuerza que necesitas para solucionar tus problemas y encaminarte hacia tu propósito; si el dolor se te presenta en el camino, no le temas, porque él es tu mayor maestro. El dolor me ha hecho ver que estamos aquí para reconocer el amor, ese amor incondicional puro y trascendental que llenará la vida de hermosas creaciones.

Antes de comenzar con los capítulos del libro, narraré una historia ficticia, con la que podrás profundizar y hacer uso de tu imaginación; te recomiendo que realices pausas porque te ayudará a procesar mejor la información. Busca tu propio espacio donde puedas conectar mejor contigo mismo y léelo cuantas veces necesites si te sirve de ayuda. Disfruta del viaje.

El sabio en busca de sentido

En una ciudad cercana a las grandes montañas del norte vivía Francis, un joven de cabello largo y rubio, con ojos azules, que dedicaba sus días a fabricar armas de todo tipo para guerreros o cualquier persona que requiriera sus servicios.

Su padre, quien trabajaba con él desde su niñez, lo había introducido en el oficio de la herrería. Su pasión era que Francis aprendiera más allá de todos los procedimientos hasta completar el arma. Afirmaba que la finalidad no era el producto acabado y, en numerosas ocasiones, decía que lo más importante era mejorar y aprender constantemente de los errores. Además, disfrutaba de su trabajo y amaba compartir lo que sabía con su hijo; siempre dedicaba tiempo para ofrecerle sus conocimientos.

El padre veía el oficio no solo como un trabajo, sino como un modelo para seguir mejorando, cambiando y transformándose como ser humano. Pensaba que una labor bien ejecutada, con principios y disciplina interior, podía llevar a una mejora continua de los procesos de fabricación de armas, lo que resultaría en la creación de algo mejor. Por ello, cada día le hacía practicar ejercicios de concentración para fortalecer el ánimo y mantener una buena actitud en el trabajo. Cada vez que se disponían a trabajar, el padre repetía el mantra de la herrería: «Cuanto más afilada esté un hacha, mejor será el corte».

Francis vivía con su padre en una pequeña casa muy acogedora que comunicaba con la herrería. Estaba llena de cuadros que simbolizaban el trabajo que realizaban, algunos pergaminos sobre la mesa principal y un par de taburetes que usaban para pasar el tiempo libre conversando hasta el momento de irse a descansar. La casa complementaba el trabajo y les permitía ayudarse mutuamente. Los apuntes que Francis tomaba mientras su padre trabajaba le ayudaban a forjar armas más afiladas y elegantes. De esta manera, en muchas ocasiones se turnaban, lo que reducía el esfuerzo. Sin embargo, la relación de Francis con su padre siempre había sido amable y cálida, aunque a veces el padre tenía su propio temperamento en situaciones que incomodaban a Francis. Su padre reflejaba un gran carácter y, en algunas ocasiones, era duro con él. Cuando su hijo se daba cuenta de que quería regañarlo por algo del trabajo que no había hecho bien, veía el profundo amor que su padre le tenía en sus gestos más ocultos. Aunque fuera duro en ciertos momentos, lo entendía, ya que era su forma de motivarlo a mejorar.

Los años que pasaron juntos le hicieron ver que toda su vida había estado acompañado de un gran maestro: un padre bondadoso y cuidador, un herrero autodidacta e introvertido que siempre buscaba lo mejor para su hijo. Por esa razón, Francis veía en él una figura representativa, un icono digno de admiración por su actitud y compromiso. Francis, maravillado por su capacidad de liderazgo, sentía una chispa de misterio. Quería saber más acerca de sus habilidades innatas para encarar las vicisitudes. Le había preguntado de dónde había sacado ese espíritu poderoso que le hacía dar lo mejor en cada situación de la vida. El padre, cada vez que escuchaba esa pregunta, le daba largas e intentaba cambiar de tema. Lo único que decía era: «La montaña...» y se quedaba profundamente callado, sin querer dar más detalles. Francis, a pesar de ello, respetaba su silencio y valoraba mucho los valores que su padre le había inculcado. La actitud con la que su padre trataba a los demás cuando lo visitaban, incluso cuando estaba muy estresado, siempre lograba equilibrar la situación sin complicarse. Se inclinaba hacia la sencillez y establecía relaciones con los demás basadas en el respeto y la confianza. Además, era valiente, pues cuando surgía algún problema siempre tenía un «as bajo la manga» y arreglaba la situación. Su hijo, cada vez que lo observaba, detectaba que tenía algo distinto a los demás que lo hacía único, diferente y especial, lleno de acciones generosas que lograban resolver grandes infortunios, completo de un carácter fuerte y también de una empatía que sobrepasaba todas las fronteras. Le importaba muchísimo el ser humano y siempre le llamaba la atención de qué manera podía ayudarlo.

Cuando iban a comer a la posada y disfrutaban de esos menús con la buena compañía del vino, se podía percibir en el ambiente la buena armonía que expresaba en sus historias del pasado. Las risas que dejaba por los alrededores llenaban la estancia con una vibración elevada de humor, logrando dejar atrás esos momentos fríos y de tristeza que congojaban a la ciudad. Tenía una habilidad innata para dejar atrás los malentendidos y elevar la armonía de todos hacia el momento presente. La inspiración que emanaba de su alma animaba a cualquiera que estuviera a su alrededor. Su presencia siempre se hacía notar y la huella que había dejado lo llevó a ser el herrero más famoso del pueblo.

Amanecía. El sol entraba por la ventana y una brisa suave rodeaba la habitación en la que estaba acostado Francis boca arriba cuando, de repente, una mosca se posó en su nariz, obligándolo a despertar. Había caído rendido por la buena noche que tuvo con su padre en la posada. Esa noche hubo un musical que toda la ciudad fue a ver y terminaron hasta muy tarde. Los ojos le pesaban; se encontraba un poco abatido y cansado, deseoso de seguir acostado. Sin embargo, al girar la cabeza, se dio cuenta de un detalle que lo sorprendió, despejándole el sueño por completo. Se movió para obtener un mejor ángulo de visión e hizo una inspección rápida en la cama de al lado. Las sábanas estaban revueltas; su padre no estaba…

Se vistió a toda prisa porque era tarde y tenía que estar a primera hora de la mañana para fabricar el último pedido que tenían de unos importantes mercaderes. Al llegar a la herrería, encontró todas las herramientas desorganizadas. Todo le pareció muy raro. Además, sentía un gran silencio en el lugar y las preguntas que se avecinaban lo llenaban de incógnitas. También le preocupaba el hecho de que su padre no hubiera dejado ninguna nota o aviso. Esto lo llevó a una deducción: su padre estaba allí trabajando y algo inesperado ocurrió.

A pesar de la rareza de la situación y de que nunca Francis se había encontrado con algo así, su mente comenzó a llenarse de ideas impactantes que le encogían el estómago. Estaba preocupado y nervioso, y buscó la banqueta más cercana. Se sentó para relajarse e hizo una breve reflexión sobre eventos pasados, pero no veía nada diferente, ningún comportamiento extraño; no percibió ninguna situación imprevista que pudiera ayudarlo a encontrar algún cabo suelto que respondiera a sus preguntas. Después de quince minutos, sin más pistas que lo llevaran a su objetivo, se levantó y decidió esperarlo. Pensó en continuar con el trabajo mientras llegaba, pero no podía empezarlo sin la ayuda de su padre.

Tras una larga espera sin respuestas, su cuerpo comenzó a llenarse de incomodidades a las que no veía solución. La desesperación por hallar alguna señal que lo condujera al origen del asunto era muy grande y, cada vez que pasaban los segundos, un impulso lo llamaba a ir en su búsqueda. A dejar de esperar e ir a encontrarlo. Y así lo hizo. La adrenalina que sintió lo llenó de energía y fue a cambiarse. Su mente recreaba escenarios en los que intentaba encontrar esa pista que lo condujera a resolver la incógnita que lo presionaba. Algún matiz que hubiera quedado sin resolver, alguna deuda o disputa que tuviera su padre con la ciudad. La dura idea de saber que estaba metido en problemas le resonaba muy poco. No daba por ciertas esas posibilidades porque no concordaban con lo que había visto en el tiempo que habían pasado juntos. No hallaba conexión alguna. Sin embargo, la idea que más lo atormentaba era la falta de información y de pruebas para lograr encajar la historia.

Desde niño, Francis había tenido grandes destrezas mentales que su padre había percibido en él. En momentos importantes, cuando su padre tenía que reunirse con gente o ir a un determinado lugar, Francis le avisaba de que no fuera o que evitara el contacto con ciertas amistades. Sentía una poderosa intuición y conexión con su padre que lo llevaba a protegerlo en momentos de peligro, algo fuera de lo normal, pero con el paso del tiempo fue perdiendo esa capacidad hasta que llegó a mermarse por completo. A pesar de no poder captar lo que se avecinaba, tenía clara una cosa: iba a encontrarlo y a resolver el problema.

Se acercó a la puerta respirando profundamente. Salió de la herrería y el sol le deslumbró el rostro. La vista se le nubló y no pudo ver nada. Parecía que alguien lo esperaba para bofetearlo. Solo escuchaba algunos susurros de jóvenes y una suave música rítmica.

Se apoyó junto a la puerta, recostándose contra la pared, y tomó tres respiraciones profundas. Se quedó desorientado por un momento y se detuvo. Al agachar la cabeza hacia el suelo, vio una huella en el terreno. Algo brillaba al lado de ella, pero no lograba distinguirlo bien, así que se acercó para verlo mejor. Sus ojos se quedaron impresionados al reconocer aquel objeto familiar… Era el colgante de su padre. Estaba intacto, sin ningún daño aparente, lo que le generó más preguntas que debía resolver.

Alzó la vista a su alrededor y se encontró con un grupo de ciudadanos que disfrutaban del espectáculo de unas bailarinas que se ganaban la vida. Francis recobró la postura y se acercó a los más cercanos. Dos llevaban un sombrero puntiagudo y el otro un bastón. Cuando los alcanzó, tuvo que tocarles la espalda para avisarles de su presencia.

—Hola —saludó Francis, preocupado.

Al girarse, vio la mirada de un hombre mayor con un semblante arrugado de avanzada edad.

—Dígame, joven, ¿qué le ocurre? —dijo el anciano del bastón.

Los otros lo miraron fijamente.

—¿Ustedes han visto al herrero que vive aquí al lado?

—No. Nosotros estamos aquí desde hace cuarenta minutos y no lo hemos visto —afirmaron con seguridad.

El anciano del bastón se detuvo un momento para hablar con ellos. Se dieron la vuelta y empezaron a hablar en susurros; Francis intentaba escuchar lo que decían, pero no lo logró. Se volvieron hacia Francis con una mirada que indicaba que no podían ayudarlo.

Confundido por lo ocurrido y la mala noticia que recibió, empezó a tener dificultades para respirar. Sentía como si una ola se le viniera encima y no sabía qué hacer. Era una experiencia vertiginosa en la que le costaba tomar las riendas del camino. Por otra parte, no tenía ninguna guía explícita y solo le quedaba continuar. Sumido en el sentimiento de no haber obtenido resultados, se dio cuenta de que la única salida era atravesar ese «maretazo» de malestar.

Se paseó por el mercado principal, ese espacio donde su padre solía reunirse todas las mañanas para entablar relaciones comerciales y comprar productos de primera necesidad. La plaza estaba casi vacía. En los alrededores se encontraban algunos habitantes que conocía de vista. Dos de ellos estaban en la «Buhadilla», un puesto donde se cocinaban caldos de buey que dejaban un aroma espectacular. El sabor de sus exquisitos platos, hechos en su punto, los atraía constantemente. Tres veces a la semana se permitían el lujo de comer allí y pasaban la tarde contando historias y riendo con los que se quedaban. Pero esta vez era diferente: estaba solo, en su búscueda personal, y no tenía ningún mapa ni directriz. Solo sus ganas de saber y de averiguar lo sucedido lo llevaron a acercarse y preguntar…

Caminó hacia ellos y justo se habían dado la vuelta. El rostro que mostraba y el lenguaje corporal que detectaron en él les hicieron deducir que venía preocupado. Se detuvo delante de ellos, calmando su paso lentamente. El más bajito se dio la vuelta y lo miró con cara de tristeza, pues veía que no tenía buen aspecto. Le tendió la mano en el brazo y le dijo:

—¿Qué le ocurre, buen hombre?

—Estoy buscando a mi padre, el herrero del pueblo. Hace dos horas que no sé nada de él y estoy preocupado por su situación. ¿Sabéis algo? —preguntó con inquietud.

—¿Te refieres a ese gran hombre que siempre cuenta historias llenas de sabiduría y enseñanzas trascendentales?

—Sí, ese mismo —afirmó, sorprendido.

—Lo vimos hace dos días; estaba por la zona del muelle, al lado de la posada. Nosotros estábamos disfrutando de un buen tentempié y unos tragos cuando apareció junto a nosotros. Le silbamos para saludarle, se giró para atender esa llamada y pudimos observar que tenía un aspecto ansioso, como si estuviese escondiendo algo o huyendo.

—¿Vieron algo más sospechoso o inusual?

—No —negó con confianza.

Francis no sospechó en ningún momento que su padre tuviera problemas o estuviera metido en algún lío. De hecho, era un hombre de grandes valores y tenía muchísimos conocimientos de la vida. Un señor tranquilo que solo buscaba la quietud de las cosas. Por eso, la maestría que mostraba en su trabajo venía dada por la construcción de su carácter, de ese espíritu indomable, pacífico y lleno de amor por los demás.

Les agradeció a ambos por su colaboración y decidió ir al muelle. Se paseó por numerosos pasillos que conectaban burdeles y calles donde reinaba la pobreza, lugares propensos a sufrir conflictos indeseados. Estuvo inspeccionando, recopilando información que desatara el hilo de la historia; se adentró en calles en las que nunca había pensado entrar, ni siquiera para saludar. A la gente del pueblo le encantaba llenar relatos en su cabeza sobre los numerosos problemas que se avecinaban en esos rincones. Eso alimentaba el miedo que hacía que la gente no se acercara a esos horizontes y se mantuviera alejada, creando una especie de frontera en la ciudad que los dividía por creencias.

Mientras andaba, cada paso le originaba un miedo feroz, sintiendo que algo lo acechaba entre las paredes. Tenía escalofríos y debía averiguar qué había de escondido más allá de lo misterioso que le ofrecía ese sitio. Estaba rodeado de inseguridades que lo llevaban a dudar y a pensar en cosas desagradables que lo desconcentraban de su marcha. Las manos le temblaban de la tensión y su cuello estaba cansado. Trató de relajar el cuerpo y, de repente, un hombre longevo con una barba grande y puntiaguda se levantó del suelo y agarró a Francis de la mano para que frenara la marcha. Le puso la mano en la cabeza y lo miró a los ojos de forma penetrante. En su semblante resplandecía una llama de fuerza que no provenía de ese entorno. Ese brillo que salía de los ojos de aquel desconocido iluminó la mente de Francis y le devolvió un sentimiento de sosiego y templanza. Detuvo su tensión al sentir que aquel hombre, que no lo conocía de nada, veía en Francis algo inusual que él mismo no comprendía.

Sumido en la curiosidad de revelar lo sucedido en ese momento, Francis intentó comunicarse con él, pero no le respondía. Le habló dos o tres veces y no había manera de que dijera alguna palabra. El viejo estaba en un trance muy profundo y él lo había percibido. Al cabo de unos segundos, su boca se abrió y le comunicó lo siguiente:

—Humilde joven, sé de antemano para qué has venido y estás muy cerca de comenzar tu camino. Ha pasado mucho tiempo desde entonces y, sin embargo, te veo aquí inquieto y confuso. Los caminos de la vida te han traído aquí con un verdadero propósito que estás por descubrir. Veo en ti una misteriosa fuerza latente que se muere por emerger. Ese don para el que estás verdaderamente hecho te va a encontrar y lo hará pronto.

El viejo retiró la mano de su frente y dio un paso atrás. Seguidamente, hizo una reverencia ante él, pronunciando unos versos en una lengua incognoscible, como si se dirigiera a un dios. Le bendijo y le ofreció toda la protección energética que emanaba de su aura. Se volvió a acercar, pero esta vez de manera diferente, y se aproximó a su oído. Francis, impacientado por lo que podía salir de sus labios, puso la oreja y escuchó atentamente:

—Vuelve al origen, sigue el camino… Y en «un abrir y cerrar de ojos» su cuerpo se desmaterializó por completo.

Francis empezó a sentir calor. Le sudaban las manos y su cabeza había colapsado. Su comprensión de las cosas y la visión que tenía del mundo se desplomaron. La sensación que tenía era que quería engullirlo. No podía creerse esa realidad inesperada. Sin embargo, dentro de sí mismo todavía lo conducía un espíritu aventurero, un guerrero que quería continuar y vencer otra batalla.

Impactado por lo que acababa de ver, puso todo su esfuerzo en entender algo que le diera sentido a lo que acababa de ocurrir: ese hombre misterioso y su aparición brusca en aquel lugar sombrío. Las artes con las que se expresó, demostrándole devoción y respeto con la inexpresable mirada llamativa de su rostro… No conseguía olvidarlo; se le escapaba de su control. Ahora, sus pensamientos reinaban por toda su mente y lo enviaban hacia profundas inquietudes, quedándose sin guion de la historia.

Por lo tanto, se dejó llevar por lo que sentía y cruzó el umbral que lo separaba del camino.

Cada paso que daba se volvía más rápido y ansioso. Había adoptado una actitud impaciente. Las ganas de volver a ver a su padre y estar junto a él lo abrumaban. Cuanto más avanzaba, una sensación inhóspita lo empujaba a pensar en desenlaces desagradables que le recorrían las entrañas. Pensaba en infortunios relacionados con lo que le habían dicho los dos chicos en el mercado y sus posibles consecuencias, así como en la aparente relación que había tenido su padre en esos días. Sabía que nadie desaparece sin dejar rastro alguno y lo buscaría sin cesar hasta encontrarlo.

Dobló la esquina del callejón que daba al muelle y se topó con alguien que estaba de espaldas. Tuvo que detenerse en seco por las enormes revoluciones que desprendía su corazón. Miró fijamente el cuerpo de ella y, al darse la vuelta, su rostro se impresionó al ver el rostro que tanto le cautivó: bello y suave. El cabello lo tenía igual que desde la primera vez que la conoció de niño, plateado con puntas doradas y un toque ondulado. Era Margoth.

Margoth había sido la niñera de Francis cuando él tenía tres años. Su padre la conoció en la ladera más próxima a la ciudad mientras observaba el crecimiento de los fresnos en verano. Ella bajaba a toda velocidad con prisas y no se percató de su presencia, terminando en un encontronazo que casi derivó en una caída. Con suerte, él la agarró en el preciso momento, quedándose tumbado con ella. Esto originó un acercamiento profundo entre ambos y creó un sentimiento hondo de amistad.

El padre a veces tenía muchísimo trabajo y, cada dos noches, le pedía el favor a su querida amiga de quedarse con su hijo. No solo se dedicaba a la herrería, sino también a otras enseñanzas que impartía a los demás, conocimientos antiguos y espirituales que a la mayoría no le interesaban. Amaba tanto expresarlo y compartirlo con los chicos que el tiempo se le hacía corto. Podía pasar horas y horas nocturnas en las que no aparecía por casa. Siempre decía que no le gustaba tener muchos alumnos cerca, solo a unos pocos, porque los espacios llenos le producían desasosiego. Compartir sus saberes era, sin duda, su pasión más amada. El tiempo que pasaba con sus discípulos lo disfrutaba enormemente y le alegraba profundamente estar con ellos; cada vez que se encontraba con Margoth, se lo agradecía profundamente.

—Hola, Francis —dijo Margoth, bajando la cabeza.

El malestar que padecía parece que terminó por disiparse un poco, y comenzó a ver una chispa de luz que le devolvía la esperanza.

—Hola, Margoth. Cuánto tiempo… —saludó, fijándose en su rostro.

—Todavía recuerdo las noches en las que no me dejabas pegar ojo y te ponías como un gruñón cuando no se te daba lo que querías… Madre mía, cuánto has crecido —comentó nostálgica y sorprendida.

—Pues sí, desde que te fuiste empecé a pegar un gran estirón; supongo que haya sido por la madurez.

—¿Qué haces por aquí? Hace mucho tiempo que no te veo y parece que continúas igual, no has experimentado transformaciones.

—Sí, el paso de los años me ha tratado bien anímicamente desde que me fui a vivir a los altos valles del sur. Buena comida y habitantes de toda clase. Era el lugar donde quería pasar el resto de mi vida —expresó con una sensación de paz.

—Llegué al pueblo no hace mucho; me habían avisado unos mercaderes que aquí se encontraba una reliquia de gran valor. Una joya perfecta para el hombre que es capaz de ver y riqueza para el que lo sabe descifrar.

—Francis, ¿te ocurre algo? No tienes buen aspecto.

—Mi padre… He andado buscándolo tres horas sin obtener resultados. Me he pasado por algunos sitios y solo he encontrado su collar frente a casa. En el bazar me dijeron que lo habían visto hace unos días por el muelle y tenía actitudes inusuales que les hicieron desconfiar. Por este motivo, la única ruta que apuntan mis indicaciones ahora es para allá...

—Mira, Francis... Cuando conocí a tu padre, él me demostró muchas «perlas ilustrativas» de su erudición. Había ciertos momentos en que me dejaba sin palabras. Su expandida visión más allá de lo bueno y lo malo dejó una huella en mi interior. Le encantaba encontrar la raíz de todo lo que subyace en la vida. El interés que albergaba él por las ideas más bellas lo hizo ser bondadoso. A veces, tenía cierto afán por enriquecerse y conquistarse a sí mismo. Su posición noble frente a la vida lo convirtió en un hombre directo; cuando tenía que decirte algo que le incomodaba, lo expresaba a los cuatro vientos, siempre con la verdad por delante. Aunque era testarudo para las cosas terrenales, en su transparencia dejaba un sentimiento puro de amor hacia los demás. Pero, con el paso del tiempo, empecé a atisbar algo raro. Él empezó a tomar distancia y sentía como si se ocultase de mí. Había momentos en que desaparecía sin dejar rastro, como si se lo hubiese tragado la tierra. Muchas veces me lo encontraba sumergido en sus pensamientos, como si estuviera completamente disociado de la realidad. En innumerables ocasiones lo veía hablando consigo mismo, absorto en asuntos extraños y desconocidos de los que nunca conseguía hablarme. Cuando nos íbamos a pasear por los bosques por nuestra ruta preferida, a veces se quedaba parado en mitad del camino en silencio, sin decir ni una palabra. Muchas veces le pregunté por su estado y no hallé respuesta alguna; era como si estuviese con otro ser completamente diferente. Algo en lo más profundo de él había cambiado; indudablemente era el mismo que me hacía reír y llorar con sus bromas y un sinfín de memorias que tenía el gusto de compartir conmigo, pero había cambiado en una parte íntima, se había vuelto mucho más reservado.

Las palabras de Margoth habían creado hondura y confusión en el corazón de Francis. Toda una vida junto a su padre, conviviendo con él, y ahora lo veía como si fuera un extraño, como si no lo conociera, y esa sensación lo dejaba abatido una vez más, con una mayor carga aparte de la que ya llevaba con su desaparición…

—No entiendo nada —dijo, confundido—. Ni siquiera sé lo más mínimo de esto que me cuentas para acercarme y poderlo ver con más precisión. «¿Mi viejo llevando una doble vida?», «¿Una imagen distorsionada que ha estado presente en mi vida durante veinte años sin apenas percatarme de ello?» Esto no puede ser…

—Yo solo te he contado la experiencia que tuve con él. No quiero desanimarte al respecto, pero cuando yo me despedí de él, en las profundidades de su alma guardaba muchos secretos. Misterios que jamás pude hallar.

—Me acabas de dejar con una espina que tengo que solucionar. He aquí con grandes enigmas y un asunto que tengo que resolver. Me alegra verte de nuevo… —Iré al muelle a ver qué encuentro. —Se despidió de ella.

Francis se dirigió a toda velocidad hacia su objetivo. Estaba aumentando el paso porque el tiempo y la desesperación se le venían encima. Su afán por hallar su presencia y revertir el proceso de inquietud y desconcierto era tan grande que lo buscaba sin descanso. Al mismo tiempo, estaba a unos pasos de conseguir lo que quería (se encontraba a trescientos metros del puente que comunicaba la zona marítima con la ciudad). A su izquierda podía ver la iglesia donde cada día se hacían reuniones, aunque estaba cerrada. Le impresionó porque el cardenal siempre mantenía las puertas abiertas a todo aquel que necesitase de cobijo o ayuda. Sin embargo, no le cuadraba esa idea y una señal cambió su atención… La atmósfera del terreno era inusual, acompañada de soledad y silencio. Se detuvo y a unos pocos metros pudo captar una pista; había una nota en la puerta y se acercó un poco más para que sus ojos lograran leerla:

Hola, queridos ciudadanos, hemos decidido cerrar hoy porque hay asuntos urgentes que han reclamado nuestra atención. Toda nuestra prioridad está en resolver esta negligencia que estorba los lazos profundos con la comunidad. Nuestras más sinceras disculpas.

El rayo de sol se disipó y su vista se aclaró mucho más. La tinta todavía estaba fresca, y veía con claridad el sello. Estaba cubierto de color rojo oscuro, un tono con el que no se encontraba cómodo y el cuerpo se le agarrotaba. Decidió acercarse más al papel y, de repente, escuchó una rama agrietarse detrás de él. Se giró de un sopetón y vio una sombra que lo observaba detrás de los árboles. Era un ser que no tenía aspecto humano...

La mirada de aquel espectro y los ojos oscuros que lo penetraron revelaban una fuerza que oprimía su energía y casi le impedía verlo de frente. Era como si una descarga de tortura lo arrollara al suelo y lo oprimiera.

Presionó sus piernas contra el suelo para mantenerse erguido y seguir viendo el rostro de aquella silueta oculta, pero era tan poderosa que sentía su propia gravedad. Esto lo llevó a flexionar las rodillas para encontrar equilibrio y estabilizarse. Cuando logró recuperar la compostura, se fue aproximando lentamente hacia esa presencia fría que lo atemorizaba. Los pasos que daba hacia ella eran cortos y, sin dejar de mirarla, se acercó un poco más hasta encontrar un terreno con más visibilidad. Detectó su cabello largo moviéndose con el viento y un gran collar con un símbolo aparentemente esotérico: un ojo dentro de un triángulo de estrella de cinco puntas invertidas. De repente, escuchó unos gritos ajenos pidiendo ayuda que lo conmovieron, y una fuerte brisa le golpeó en la cara, cerrándole los ojos, mientras la presencia oscura que estaba a su alcance se desvanecía entre los árboles...

Su cuerpo no resistió más; perdió las fuerzas y se desplomó en el suelo, llegando a perder la conciencia.

Todo había cesado y, en un fugaz instante, se desplazó a una estancia de cuatro paredes. En ellas vio sucesivas imágenes de rituales y sacrificios donde aparecían seres humanos acostados sobre una superficie de piedra, rodeados en círculo por unos sacerdotes vestidos con túnicas y sombreros negros. Percibió un mal augurio y podía sentir cómo ese sufrimiento lo inundaba, preso en un remolino de llanto, desolación y enfermedad que giraba sin cesar. Era curioso porque podía verse dentro de él mismo y todo se repetía; observaba cómo las vidas humanas estaban llenas de aferramiento y dolor, de aversión y confusión, agitadas por un cúmulo de mentiras que no llevaban a ningún fin. Se percataba del apego y del aborrecimiento que la especie humana tenía consigo misma, viéndose a la vez como la onda que lo arrastraba más hondo hacia un agujero sin fondo. Al ver que se ahogaba y la luz de la superficie disminuía, tomó la valentía de ir contracorriente para que la fuerza del torbellino no lo pisoteara. Pero fue inútil; lo arrastraba y la luz que veía se iba mermando hasta que escuchó un canto lejano. Eran palabras que venían y se iban haciendo eco, y que no lograba descifrar. Miró hacia abajo y no veía nada, solo la profundidad oscura que lo tragaba mientras atisbaba cómo él mismo se convertía en ella. Cuando la oscuridad estaba tan cerca de su cintura, escuchó una voz familiar que captó su atención, haciéndolo salir inmediatamente catapultado de ese sombrío lugar.

—¿Quién eres?

Una gran luz empezó a postrarse delante de él, iluminándolo y reflejándose en su cuerpo. A medida que se iba mostrando, una voz calmada y angelical se hacía presente…

Puso todo su esfuerzo en salir del torbellino de dolor siguiendo ese sonido tan especial y acogedor. Dedicó gran parte de su energía para llegar a escucharlo, haciendo lo posible por activar todos los sentidos, y percibió un canto suave y renovador que despertó en él un interés profundo. La voz le era peculiar y tenía unos rasgos muy conocidos. Era tan cálida que lo llevó a un momento especial en su corazón. Por un momento, sintió algo extraordinario y quiso averiguar de dónde venía esa sensación conocida, pero no logró recordarlo…

—Hola, hijo, ¿no me reconoces? Soy tu madre, Carina.

El semblante de Francis se quedó estático. En su interior se avivó un cúmulo de memorias que no podía llegar a visualizar. Recuerdos que habían sido mezclados con confusión y tragedia. Imágenes que no estaban claras y se habían vuelto difusas.

—No puede ser, tú no estás viva. Tú moriste cuando me trajiste al mundo…

Francis sollozó y sus ojos se humedecieron profundamente…

—Sigo aquí, en tu corazón. He venido porque te he sentido. Dentro de ti se hallan muchísimos secretos que todavía no has terminado de encontrar. La llama siempre ha permanecido encendida en tu alma y se está produciendo una transformación que dentro de poco se te revelará. Solo estás a un paso de descubrirlo.

En su pecho sintió como una oleada de energía recorría su cuerpo y su corazón empezaba a latir profundamente. No podía creer lo que estaba delante de él. La energía que emanaba de su madre y la alegría que sentía al contemplar sus ojos azules radiantes de paz lo llevaron a un sentimiento que nunca había experimentado. La atención y el cariño con que se dirigía hacia él lo conmovieron y le devolvieron una parte que le faltaba: el amor de una madre.

El corazón se le iluminó por completo. No podía imaginar lo que estaba pasando. Por un momento pensó si estaba muerto o en el más allá. Si se trataba de algún truco o alguna broma, pero no. Era muy real; ella estaba muy cerca de él y podía apreciar el aroma de su vestido y su piel. Carina se acercó un poco más y puso las manos sobre su cuerpo. Sin tocarlo, empezó a realizar unos movimientos con las manos muy extraños que empezaron a desprender una fuerza amigable y una vitalidad sin límites.

—Espera, ¿qué me estás haciendo?

Los segundos pasaban y el aura de su madre lo rodeaba por completo. No solo empezó a encontrarse con muchísima más energía, sino que comenzó a conectar con ella en un plano más profundo donde pudo revivir lo que le pasó cuando ella murió. Recordaba cómo dio a luz a su bebé mientras se despedía de su hijo con gran felicidad.

Las emociones inundaron a Francis en una tristeza que lo llevó a abrazar a su madre. Pero no pudo, era invisible…

—Todo lo que hice parece que no ha sido en vano. Estás aquí, Francis, con una misión importante que no te puedo desvelar. Ahora mismo no se me permite darte esa información. Debes ponerte en marcha y continuar tu viaje. Nuestra tierra corre un gran peligro. Se avecinan contratiempos que debemos resolver; si no, la tierra estará en grave peligro. He hecho todo lo posible por conectarme contigo y has llegado en el momento correcto. Todavía estamos a tiempo de impedirlo.

—Madre, ¿impedir el qué?

—He visto tu espíritu y estoy segura de que lo harás muy bien. Sigue el ca…mi…no.

Carina desapareció…

—Joven, ¡despierte!

…

—Dios que estás en los cielos, devuélvele la vida a tus hijos que más te necesitan.

Francis escuchó su última palabra e intentó abrir los ojos; le pesaban como si alguien le estuviera cerrando los párpados. No era por la luz, porque ya había visto las nubes con el rabillo del ojo. Seguidamente, un pitido fuerte en el oído se le avecinó, logrando abrir los ojos por completo.

—¿Qué… qué me ha pasado? —dijo Francis débilmente.

—¡Alabado sea el Señor, ha despertado!

—¿Quién es usted?, ¿qué hacía por aquí? —preguntó Francis con inquietud.

—Dios lo ha bendecido a usted, que lo ha protegido con sus plegarias y le ha devuelto la vida. Soy un sacerdote, un ministro de Dios con la misión de realizar sus obras. Yo acabo de llegar y lo vi tirado ahí en el suelo, pensé que necesitaría ayuda y fui a dársela…

—Entiendo. Si usted es sacerdote, ¿qué ha sucedido con la iglesia que está cerrada? ¿No ha visto por aquí algo sospechoso, fuera de lo normal en mi ausencia? —preguntó con desconfianza.

—La iglesia se ha cerrado por motivos desconocidos que todavía están por revelarse. Por aquí me acabo de encontrar solo con usted. Yo andaba por la avenida marítima cerca del muelle, me paré por donde estaban descargando el pescado, para observar lo que tenían, y escuché un grito espeluznante que me hizo saltar las alarmas. Articulé mi cuerpo con el propósito de dirigirme hacia esa voz, pero no conseguía percibir nada debido a que había dos puestos de venta que no me permitían visualizar en su totalidad. Sin embargo, provenía del muelle y una parte de mí quiso averiguar qué pasaba y me desplacé hacia allí. Al ver el movimiento de los ciudadanos, me di cuenta de que había sucedido algo dramático porque el evento llamó la atención de todos los que andaban por los alrededores. Todos se aproximaron a ese grito inesperado. Cuando por fin llegué, había un círculo de habitantes que aumentó mi asombro. Me abrí camino entre ellos y vi a un hombre en el suelo que estaba sangrando por una apuñalada. Me acerqué para brindarle ayuda y, al verle el rostro con más hondura, pude presenciar que era una cara conocida: era el herrero Amadeo.

Mis ojos, al contemplar su semblante, percibieron una mirada firme y compasiva que evocó bonitos recuerdos de cuando él venía a visitarme en busca de respuestas. Le tomé de la mano y le dije que iría a por ayuda inmediatamente, que no hablara y respirara profundamente.

Pero no fue así; él me agarró al momento e hizo una seña para que acercara el oído a sus palabras. En un momento de silencio, escuché: «Por favor, ve a buscar a mi hijo, dile lo que me ha ocurrido, es muy importante».

—¿Mi padre, apuñalado? ¿Cómo puede ser? No es posible —dijo Francis con miedo y tristeza.

—Mira, vamos a hacer una cosa. Busca ayuda y diles que se dirijan al muelle urgentemente. Yo voy para allá.

El viento huracanado que entró por sus entrañas al recibir la noticia recorrió hasta la parte más ínfima de sus extremidades, llevándolo a ponerse en marcha. Se levantó de sopetón y volvió a estar en tierra firme. La cólera que sintió le impedía respirar; se sentía asustado, el corazón le latía muy deprisa y, con todo el furor, se marchó a toda prisa de allí.

A solo treinta metros de la carretera pavimentada del muelle, divisó el galeón de la marina, el barco que siempre se situaba allí. Francis, nervioso por la noticia que le había dado el sacerdote, había salido de aquel lugar rápidamente, guiado por un impulso lleno de angustia, olvidando preguntar dónde estaba localizado el cuerpo exactamente. Las piernas le temblaban y su miedo se acrecentaba con cada paso que daba. La incertidumbre y las palabras de aquel ministro de Dios le habían encogido el estómago completamente. Sentía que le pesaba todo el cuerpo, como si una fuerza opresora le drenara la energía hasta dejarlo sin fuerzas para continuar. Por un momento, tuvo una sensación similar de malestar a la que había experimentado antes de desmayarse...

Sus sentidos se agudizaron y percibió algo distinto. Intuía que algo estaba pasando por el sonido que emanaba del lugar. No sabía qué era lo que estaba captando, pero tenía la certeza de que, por donde iba, se encontraría con algo a lo que su alma le estaba alertando. Por lo tanto, se detuvo, giró y se acercó hacia los sonidos discordantes que le hacían temblar de incomodidad. Se abrió hacia una nueva perspectiva donde finalmente llegó al sitio de donde provenían esas voces...

Alzó la mirada al horizonte y se quedó pálido. Pudo contemplar un grupo extraño alrededor de una figura central en el suelo que no llegó a identificar. Todo a su alrededor —los puestos de comida, la taberna y el paseo de la avenida marítima— estaba vacío. No se encontraba ninguna alma allí. Era como si los habitantes hubieran desaparecido o se los hubiera tragado la tierra en un instante. Ni el sonido de las gaviotas se apreciaba; solo se hallaba un grupo de encapuchados que no podía identificar ni comprender.

El silencio se apagó cuando comenzó una rítmica estruendosa de mantras cargados de voz grave y unos tambores que empezaron a sonar. Cada última palabra que decían la repetían de nuevo y miraban hacia el cielo como si estuvieran realizando ofrendas hacia un dios.

Rápidamente, una visión pasada se apoderó de él, recordando el momento del sueño donde visualizó al grupo sectario que realizaba conjuros y rituales con sangre hacia los seres humanos. La escena que veía a unos metros era de lo más parecida; los puntos se correlacionaban y las túnicas que llevaban estaban representadas por ese color oscuro y sombrío. Lo único diferente era que no llevaban sombreros, sino una máscara que les cubría completamente la cara.

A medida que proseguían, aumentaron mucho más el tono. Cada vez se volvían más irascibles y uno de ellos comenzó a decir unas palabras:

—Aquí estás con nosotros y, gracias a que hemos terminado la obra que nos encomendaste, señor del Inframundo, rey de las tinieblas y del mundo entero, podemos ser dignos y fieles a ti para seguir completando nuestro cometido: toda la luz de la tierra será reprimida y no quedará alma alguna que la pueda volver a emerger.

Francis se quedó alucinado. Por un momento pensó si estaban realizando alguna función de teatro o si se habían vuelto completamente locos. Aunque le daba igual el caso, no le importaba qué era lo que estaba sucediendo; lo único que quería averiguar era si su padre se encontraba entre aquellos dementes.

Su cuerpo se llenó de un sentimiento horrendo; sentía la misma energía de crueldad que había experimentado antes con aquella extraña presencia. Todos los participantes estaban llenos de furia y malevolencia. Le recreaba una y otra vez un tormento en sus profundidades que no le permitía serenarse y respirar. No solo le incomodaba esa fuerza dominante, sino también las innumerables perturbaciones que sufrió cuando estaba inconsciente en ese torbellino de dolor. Ese espacio catastrófico representativo de la vida humana… La diferencia es que esta vez no tenía esa gran carga en los hombros que le debilitaba como si estuviese sosteniendo el mundo entero.

El día se estaba oscureciendo y el mar estaba ruidoso y agitado. Las voces de los que estaban más entregados a la ceremonia terminaron levemente y todos levantaron su mano izquierda. Seguidamente, con la otra mano, sacaron un puñal de la cintura y se hicieron un profundo corte en las manos. La sangre les goteaba constantemente y se acercaron hacia el objetivo presente, el habitante que permanecía tumbado en el suelo. Cuando estuvieron muy cerca, se detuvieron inmediatamente y apretaron sus manos ensangrentadas, esparciendo toda la sangre sobre el rostro de la víctima.

—¡Fuera de aquí, dejadme, criaturas indeseables, ahhhhhh…! —gritó el habitante abatido por el dolor.

La bocina del galeón sonó, capturando la atención de los presentes. El llanto de aquel hombre se deshizo y todos se quedaron en silencio…

Francis atisbó el cambio que se produjo en esa ceremonia cuando, gracias al aviso del barco, la atención que tenían hacia su víctima se desvió por completo. Alguien especial para ellos les llamaba y, al cabo de unos segundos, apareció una figura impactante bajando por las escaleras. Un fenómeno con el que se había topado antes, una situación que le había resultado completamente desgarrante y atroz. Era esa presencia otra vez. Había vuelto a ver a esa monstruosa fuerza que le había producido un gran cúmulo de dolor e insatisfacción descabellada. En su interior se removían toda clase de momentos desagradables con solo sentir una minuciosa parte de lo que era estar ante esa vibración densa y sobrecargante que transmitía ese ser... Todo apuntaba a su gran poder de influencia sobre los demás, de dominación y control, dado que mientras bajaba por las escaleras, todos se olvidaron del cuerpo que estaba tendido y se aproximaron para ofrecerle reverencia.

Se percató de que se alejaban un poco y pensó en rodear la avenida. Se movió hasta que llegó a un carromato opaco que lo hacía más invulnerable visiblemente, consiguiendo un mayor alcance de escucha. Se agachó y escuchó con atención:

—¡Qué maravilla de día hace hoy y qué momento más hermoso acabo de presenciar! —expresó la criatura imponente que se acercaba hacia ellos.

—Bienvenido, Maestro. El ritual acordado se ha realizado satisfactoriamente, purificando las malas hierbas que amenazan nuestra ciudad —dijeron asintiendo con la cabeza.

—Hay amenazas que requieren sacrificio para que no destruyan el orden que estamos creando —dijo la presencia demoníaca.

—Nadie conoce mejor que vos las leyes ocultas, mi señor —asintieron con lealtad.

—Aquel que intente revelar nuestros secretos está llamando a la muerte. Hombre, ¿qué tenemos por aquí? Me había olvidado completamente de ti —expresó con una sonrisa malvada. La presencia demoníaca se acercó al cuerpo ensangrentado y le puso el pie en el pecho. Lo señaló con el dedo y lo amenazó diciendo:

—Ya no tienes poder aquí. Eres un simple herrero sin ningún conocimiento de las artes supremas. Te crees valiente enfrentándote a nosotros y lo único que has conseguido es tu final, triste y desolador. Sin nadie que venga a rescatarte —comentó con voz arrogante.

Los ojos se le humedecieron al saber que estaba en aquella escena. De alguna manera, se movió e intentó sacar la cabeza a un lado para tener más visión; aunque era muy arriesgado, la emoción pudo más que él y se asomó…

—La muerte te llegará en unos minutos y yo terminaré por conquistar a la raza humana. Este conocimiento que no has comprendido me llevará al nivel de un dios. Ahora dispongo de un avance más sofisticado de estas leyes y las pondré para instaurar el orden. De esta manera, crearé en los seres humanos más confusión, envidia, celos y arrogancia con los que estarán divirtiéndose interminablemente en un juego que yo estaré impaciente por ver y disfrutar. En consecuencia, tendré el poder absoluto para que nadie me pueda doblegar.

—Debes terminar de aceptarlo, viejo. Estas criaturas insolentes no sirven para nada más; son histéricos y narcisistas. La raza humana está completamente descontrolada y necesita ser dirigida, sometida y amenazada. ¿Es la única manera de que no rija el caos, comprendes?

—¿Y sabes qué es lo mejor? Que tú no estarás vivo para contemplar esta obra —mostró odio con mucha maldad. Le soltó un escupitajo y se giró de vuelta a sus seguidores, que lo miraban como a un dios supremo. Lo observaban con los hombros caídos y agachados, rindiéndole culto a su imagen malvada. La mirada que les dirigió a todos sus fieles les dio a entender que era hora de irse.

Francis estaba temeroso y, por un momento, quiso salir y conquistar el terreno, pero la misma fuerza que le llenaba de angustia estaba allí. A solo unos metros se hallaba ese ser monstruoso, y las ganas que tenía de acercarse a rendir cuentas eran demasiado grandes. Quería hacerlo y pensó en alguna estrategia rápida, pero al cabo de inspeccionar y volver a analizar los detalles fríamente, vio que era muy arriesgado. El padre, allí en mitad del muelle ensangrentado con una secta de asesinos... era peligroso. La ira que sentía en ese momento, finalmente, tomó otro cauce y los pasos que daba el líder y los encapuchados terminaron cubriendo la escalera del barco. Sin embargo, con el rabillo del ojo, camufladamente percibió que se desmaterializaban sus cuerpos al subirse al navío.

Creyendo que estaba sumergido en una ilusión, se frotó los ojos, pero fue en vano. Era la misma realidad. Habían desaparecido de la zona y no quedó ningún resto de ellos... Rápidamente emprendió un fuerte brinco y fue corriendo hacia el cuerpo que estaba tendido.

—Francis, hijo mío —dijo Amadeo con voz apagada.

—Padre, ¿qué te han hecho?

No podía creer lo que estaban presenciando sus ojos. La cara del padre estaba completamente rajada con objetos punzantes. La sangre que corría por la faz estaba húmeda de los que le hicieron el ritual. Francis lo inspeccionó y se encontró con lo que le dijo el cardenal: tenía una puñalada en el costado... Taponó la herida e intentó limpiar un poco un lado de la cara. Sin embargo, se percató de una cosa: en el mentón pudo verle con claridad que le habían hecho una marca dejándole un símbolo peculiar. Era el mismo que vio en la presencia oscura: un ojo dentro de un triángulo de estrella de cinco puntas invertidas. Esa marca, por la dimensión de profundidad, se la realizaron de una forma cruel porque era bastante honda.

—¿Qué han hecho? ¿Qué ha pasado contigo? ¿Qué es todo esto? —inquirió Francis, lleno de tristeza y lágrimas.

—Hijo mío, quiero que sepas que eres muy valiente y que lo que he hecho ha sido por el bien de todos, de la humanidad.

—No hables, padre, conserva tus energías y presiona la herida. Voy a ir a buscar ayuda.

—No, hijo mío. No quiero ayuda. Ya has hecho suficiente viniendo hasta aquí.

—Pero, padre… ¡Déjame ayudarte! —Los ojos se le humedecieron en un llanto de dolor y el corazón se le encogió en una tremenda angustia.

—¿Quiénes son los que te han causado esto? ¡Dímelo, quiero conocer hasta el último escondite! No se librarán del mal que te han hecho —gritó, desesperado.

—No… no quiero que vayas contra ellos. Nosotros nunca nos hemos regido por la venganza y la hostilidad… Durante la vida que hemos pasado juntos, te he enseñado lo mejor para que sepas vivir una vida sencilla y plena. Con unos códigos morales que ayuden al reino, tanto a ti como a todos los seres, favoreciendo el sentido común, alejándonos de todas las conductas nocivas que perjudiquen nuestra tierra de conflicto y muerte.

—Mira, hijo, ya es hora de que sepas la verdad… —dijo, cogiendo aire—. En el pasado, me obsesionó mucho cómo el ser humano podría llegar a cambiar su vida. Empecé a investigar acerca de su comportamiento, la psique del individuo y la percepción. Mis investigaciones me aventuraron a descubrir que estamos dotados de unas capacidades latentes que, si se potencian y se despliegan, podríamos alcanzar una enorme transformación personal. Esto daría un salto en la evolución de la consciencia de la especie humana, originando una revolución espiritual cuyo objetivo sería el dominio de sí misma, llena de virtuosismo y éxito, libre de ataduras y apegos, una humanidad nueva, renacida. Así que poco a poco fui adentrándome en este conocimiento superior que cada vez me llamaba más hasta que conocí a un alquimista en las afueras de la capital. Pude ver cómo el viejo podía transformar los metales de bajo valor en grandes calidades de oro; una verdadera magia de transmutación alquímica; esto lo hacía con el poder de su propia mente. También me mostró dos compuestos orgánicos en los que cada uno había recibido un cambio diferente en la materia gracias a las diferentes emanaciones de energía que les había transmitido. Dijo que, gracias al poder energético interno, nosotros podíamos hacer grandes cambios en la materia, como transformarla y repararla, y que nuestra misión es hallar ese potencial dormido que se encuentra en nuestro interior.

—El anciano me iluminó con sus sabias palabras y depositó muchísima fe en el potencial que había encontrado. Me había maravillado con la oratoria y con esa filosofía que no llegaba a comprender. Mis oídos intentaron abrirse a la locución, pero era difícil a veces. No me imaginaba ante qué maestro estaba, pero lo que sí podía saber es que llevaba un gran brillo en la mirada. Su semblante era audaz y valiente. No percibí ni ira, rabia o miedo. Estaba completamente seguro de lo que me contaba; no capté mentira en sus ojos.

—Hambriento de sed de conocimiento, llovió hacia mí cuestiones y lecciones que quería saber. Estaba dispuesto a que me enseñara ese espíritu, esa fuente de poder y de ideas que me transmitía a cada segundo. Llevaba mucho tiempo buscando la manera de cambiar el mundo. De aportar algo que pueda servirnos a las generaciones futuras. Un servicio basado en el amor y el respeto entre los seres humanos. Un equilibrio donde no haya más guerras, ni esclavitud, ni muerte. Lo que quería era mostrar al mundo un camino, una nueva manera de convivir los unos con los otros. Desde esa fraternidad universal donde el amor permanece.

—Quería recibir su enseñanza y que me ayudase a resolver las incógnitas. Mirándome a los ojos, me comentó que esas habilidades eran tan poderosas que podría crear un nuevo mundo devolviéndole belleza y equilibrio. Pero no podía compartirlas con los demás. Solo podía transmitirlas cuando hallase el pergamino de los dioses. Un escrito de hace más de tres mil años que contenía la infinita sabiduría de las leyes universales, un pergamino antiguo que estaba oculto en una montaña. Los monjes de antaño que velaban por él le rendían mucha devoción y respeto y lo ocultaron en una pirámide egipcia, alejado de todo ser humano con malos ojos que quisiera encontrarlo. Por este motivo, lo mantenían en secreto porque en malas manos este conocimiento podía llegar a ser muy peligroso, ocurriendo el peor de los finales para nuestra raza: nos extinguiríamos como especie dejando la peor huella en nosotros...

—Así que nada más escucharle, me puse en marcha y comencé desde la mañana siguiente a rodear la montaña. Me llevó mucho tiempo encontrar el lugar exacto de la localización porque tuve que tomar algunas direcciones que no me había dicho. Di varias vueltas hasta que alcancé un espacio bastante tranquilo y sin árboles donde se podía respirar muy livianamente. Me adelanté y el rayo de sol me cegó, haciéndome girar la cabeza hacia donde estaba un bloque de piedra triangular. Sumido en una gran alegría y lleno de entusiasmo, me dirigí hacia ella y pude sentir un enorme poder. Era la pirámide egipcia. La había encontrado. Además, podía ver cómo esa figura no estaba puesta allí al azar. Quien la haya construido en ese sitio lo realizó con una intención estratégica. Sabían lo que hacían. Me paré en la entrada y pude apreciar que dentro de ella se encontraba algo que mi corazón ansiaba. Sentía una poderosa fuerza amigable que me empujaba a ir dentro de la pirámide y averiguar si el anciano llevaba razón. El magnetismo del área junto al sentir de mi alma me hizo extender el brazo para tocar la silueta de lo que podría ser la entrada. De repente se abrió un muro, dejando pasar una luz tenue de color violeta, llegando a impregnar el área completamente por su brillantez. Me paré detenidamente mientras veía cómo se había abierto ante mí una entrada, un camino recto iluminado que me hacía sentir seguro y cómodo. Miré a lo lejos y hallé algo más reluciente aún y me encaminé hacia él.

Aligeré el paso hacia esa entidad como si me atrajera un imán y cada paso se volvió más ruidoso y veloz hasta que llegué a percibir el silencio de mis pisadas.

Me encontraba aislado; no se escuchaba nada más, solo mi respiración, que se hacía cada vez más presente y agitada...

—Sumido en la ilusión de encontrar el pergamino, veía cómo la brillante luz estaba cada vez más cerca. Pude notar cómo se me erizaba la piel al ver que lo que estaba al final podía ser el secreto escondido, ese escrito tan valioso que podía esclarecer cualquier mente y espíritu… Una medicina para sanar el corazón y corregir el comportamiento humano, dotándolo de poderes psíquicos.

—Al llegar a esa luz, mi alma sintió una paz sin límites y me cautivaron algunas imágenes; todo empezó a sintonizarse y a «cobrar sentido». Me vinieron visiones de monjes que realizaban grandes hazañas por todo el continente. Ellos vivían de manera diferente y el valor que le daban a la vida era muy distinto. A nosotros nos importaban mucho las cosas materiales; ellos, en cambio, consideraban al espíritu que está en nuestro corazón como lo más preciado y esencial. Por este motivo, los monjes lo honraban a cada segundo, y era fundamental darles su importancia para que nuestros hijos pudieran contemplar un mundo mejor, con unos principios que no nos condenaran a la muerte y la decadencia.

—También compartieron conocimientos profundos acerca de la naturaleza, el cosmos y el universo. Su propósito era que el individuo volviera a un encuentro con los principios naturales. Para ello, impartieron su filosofía, una herramienta capaz de entender y unir esas «piezas inconexas» que quedaban sin unir, como el odio, la ira, el desprecio, la venganza, la ignorancia, etcétera. Estos desequilibrios originaban el caos y la muerte y no permitían que los pueblos se entendieran.

—A medida que esparcían sus enseñanzas por los territorios, estos ermitaños mostraban su aprecio y amor por la raza humana. Cada segundo que pasaba, mi mente se llenaba de ofrendas, ceremonias y actos tan bondadosos que cada representación visual estaba cargada de una valentía y heroicidad sin límites. La luz que emanaban estos seres la veía reflejada tan claramente por la compasión que mostraban a todos sus habitantes. Su arte, música, espiritualidad y la gran energía que transmitían dejaron en el planeta un gran equilibrio, y cada pueblo convivía en perfecta armonía.

—La generosidad que tenían no conocía fronteras, y el servicio que proporcionaban a los más necesitados no tenía límites. Sin lugar a dudas, los eremitas habían creado un sistema de pensamiento que generaba un virtuosismo excelente en el individuo. Un cambio que hizo crecer el conocimiento que tenían del mundo, de los astros y de las leyes naturales. Sin embargo, una ciudad se había negado a esta evolución; les irritaba y les generaba muchísimo miedo que los habitantes y el mundo entero se libraran de la esclavitud. Pensaban que el ser humano necesitaba ser dirigido y manipulado, pues, de esa manera, podían enriquecerse mucho más y tener un mayor control en todo el continente.

—Su profundo miedo a ser conquistados por este nuevo saber los llevó a crear organizaciones secretas. Se originaron grupos de sectas que iban en contra de este nuevo avance espiritual y desarrollaron un plan estratégico para derrumbar y cortar las raíces de la filosofía. Se fueron organizando, atacaron y saquearon los pueblos, masacrando a aquellos que se empapaban de estas enseñanzas. Buscaban cualquier manuscrito con la finalidad de derrumbar por completo este nuevo sistema que estaba emergiendo y que tanto les atemorizaba. Debido a esto, desplegaron todas sus fuerzas con traición y soberbia hacia los reinos, creándoles confusión y miedo para obtener poder sobre ellos, y sus espías fueron consiguiendo eliminar la información de estos pergaminos con el objetivo de encontrar finalmente a estos monjes. No había un deseo más grande que poder hallar su localización y matarlos a todos.

—Los monjes fueron avisados, corriéndose el rumor por uno de sus emisarios. La profunda tristeza los invadió y pensaron detenidamente qué podrían hacer. Se había avizorado un desbalance. Un desequilibrio que buscaba atormentar la paz. Un enemigo que buscaba a toda costa romper los lazos que unían al continente.

—Las ciudades vecinas más cercanas fueron brutalmente asesinadas y no quedó rastro alguno de sus habitantes. Cada territorio empezaba a disputarse y las alianzas se iban estrechando. Los acuerdos que se habían establecido se fueron cayendo y la desconfianza crecía cada vez más.

—Estos acontecimientos perturbaron a los monjes. Se dieron cuenta de que irían tras ellos a toda costa. Sabían que no terminarían su búsqueda hasta dar con ellos y finalizar lo que habían construido. Destruyeron hogares, alianzas y quemaron hasta niños con tal de sacarles la información para saber dónde se ocultaban.

—El terror se apoderó del continente entero y el olor que se respiraba por las tierras era de guerra y llanto. La oscuridad se avecinaba y las ciudades que todavía quedaban habían dejado atrás la vida espiritual y la filosofía. El miedo era tan grande que no quedó ningún escrito acerca de esta sabiduría. Todo fue reducido a cenizas…

—Los sabios que todavía eran dueños de sí mismos, al percibir el mal que se avecinaba, y al ver que fue en vano, querían dejar un legado. Una huella que la humanidad pudiera recordar, una sustancia de la cual poder nutrirse y enriquecerse, como hicieron por todas las regiones. Un manual con el que poder transmitir sus enseñanzas y que no quedaran en el olvido. Un pergamino que contuviera el saber y ayudara a los reinos a volver a florecer.

—En fin, el amor hacia los seres de la tierra llevó a estos semidioses a dejar sus conocimientos en palabras escritas con simbología divina. Escribieron su historia y fórmula de cómo obtener el poder de la trascendencia humana. Pusieron su servicio y devoción para que pudiera llegar a los oídos de cualquier habitante. Además, deseaban que el conocimiento no se perdiera y que perdurara en el tiempo. Por lo tanto, el jefe de ellos les sugirió guardarlo en la pirámide egipcia de la montaña para que nadie supiera de su existencia hasta que llegara el momento en que la sabiduría volviera a renacer.

—No… No lo entiendo. Llevo toda mi vida viviendo con el padre que más he querido, con el que he compartido toda mi vida, mis momentos buenos y malos, que me ha hecho aprender muchísimas cosas, y ahora me doy cuenta de que la persona que ha estado toda la vida conmigo era una sombra de lo que realmente era…

—Padre, no te conozco.

—En esa pirámide egipcia, cuando las visiones en mi cabeza desaparecieron, dejé de contemplar la historia que te he mostrado. De repente, la imagen se esfumó y la luz que había delante empezó a hablarme y reflejó lo que tanto esperaba ver… Era el pergamino, hijo, y estaba totalmente intacto a pesar del paso del tiempo. ¡¡Una verdadera reliquia!!

—Quedé totalmente fascinado por la información que contenía; mis ojos contemplaron un universo entero de simbología espiritual en aquel momento que no encontré palabras para volcarlas en papel. Había muchísimo contenido poderoso que podía cambiar vidas, ¡¡hasta incluso salvarlas!! Con ello podría traspasarle a toda la humanidad los conocimientos ancestrales. Un aprendizaje que va desde las leyes de la naturaleza hasta la visión cósmica del corazón. Podría cambiar el curso de la historia, donde emergería un mundo nuevo sin que las ideologías y las creencias nos separen, cultivando un amor diferente y trascendente.

Francis se quedó boquiabierto y necesitó suspirar una vez más para poder procesarlo.

—Ahora entiendo realmente qué te pasó en esa montaña de la que nunca querías hablar. Este tema siempre se había quedado en el aire y ahora lo comprendo.

—Hoy he contemplado esos grandes ojos tuyos dispuestos a enfrentarse a toda adversidad y pronóstico. Dentro de ti, querido hijo, está el coraje y la fuerza de Dios, esa llama que nunca se apaga, un poderoso fuego interno que hace florecer lo mejor del ser humano. Cuando te tuve en mis brazos, supe que serías un gran líder, que toda tormenta que se te pusiera en el camino la transformarías en toda magnitud. Por eso, tus ojos siempre me penetraban en lo más profundo, Francis. Desde niño, tu mirada era dulce y tierna, llena de un fuego misterioso donde reside ese espíritu tuyo fortalecido y audaz. Además, la compasión que mostrabas cuando los demás te hacían sufrir y les perdonabas, me dejaba sin palabras… Rodeaba en mi corazón un sentimiento luminoso que saltaba chispas en mi alma.

—Padre…

Francis sollozó.

—Estoy feliz de estar contigo aquí a tu lado, sabiendo que ya sabes quién soy y cuál ha sido mi historia. Me complace dejarte esto que guardaba con tanto empeño y cuidado. Aquí tienes, hijo, el pergamino de los ancestros.

Te lo dejo para que continúes la obra y compartas su saber con todo el continente.

Siento desde las profundidades de mi alma que lo he dejado en el mejor lugar, en ese amor que he visto en tu interior.

—Hijo, tú fuiste quien avivó en mí ese profundo deseo de cambio, transformación en mi vida y curiosidad por las cosas más bellas del universo… Gra…cias.

Francis lloró y lo abrazó fuertemente.

Espero que hayas disfrutado de esta historia que quería mostrarte antes de comenzar con los capítulos de este libro. Recuerdo cuando era más niño; en el año 2002, vi la película *Spiderman*. Esa película me fascinó por completo cuando tenía diez años. Me cautivó el corazón y recibí uno de los mayores aprendizajes que me han marcado: «Un gran poder conlleva una gran responsabilidad». La frase se la dijo el tío Ben a Peter Parker, y me llegó al alma…

Con todo mi corazón, de aquí en adelante te mostraré un método, un camino con el que podrás profundizar y conocerte. Una vía que te llevará al descubrimiento de tus aptitudes, hábitos y reacciones frente a todo lo que te sucede. Te seré completamente honesto: no es el camino sencillo al que estamos normalmente acostumbrados; es la senda del guerrero que hará de ti una profunda transformación. Además, me gustaría que cada capítulo que leyeras no lo vieras con los ojos de tu mente, sino con los de tu corazón, sin prejuicios. Observa el contenido del libro, haz tus reflexiones y, lo más importante: ponle acción a diario. Te aseguro que si cada día pones tu pequeño granito de arena, a la larga construirás algo de lo que estarás completamente satisfecho. Tu calidad de vida irá mejorando: la salud, el trabajo, la relación que tienes contigo mismo… etcétera. Cada pilar lo irás puliendo hasta que quede totalmente brillante y reluciente.

Sin más preámbulo, es un placer acompañarte en este mágico camino interior.

1. Lo más fundamental
que tienes: la mente

Cris era un chico que siempre tenía dolor en el brazo. Pasaba días, semanas, meses y años aguantándolo, y a veces usaba algún remedio para poder calmarlo.

Cuando se veía con su amigo Charly, intentaba que no se diera cuenta. Siempre buscaba el punto ciego para expresar en silencio el tormento que le producía. Aprovechaba la oportunidad cuando Charly se distraía: se volteaba para separarse de él y poder reprimirse sin ser detectado. Lo último que quería era que se diera cuenta de su sufrimiento.

Una tarde estaban almorzando en un restaurante y a Cris se le cayó el móvil al suelo. Directamente fue a agacharse para recogerlo y se apoyó mal usando el brazo que estaba enfermo. Por ende, el grito que pegó se esparció por todo el restaurante...

A Charly le había entrado curiosidad por aquel chillido. Se paró delante de él y, con total misterio, le preguntó qué le sucedía, pero no encontró respuesta alguna. Solo un silencio incómodo...

No supo qué responderle. Charly se había dado cuenta de que algo no iba bien. Su amigo sospechaba algo y eso era lo que él no quería.

—Puu… es que me duele el brazo. Llevo toda la vida así con esto… Siempre me ha dolido. El remedio que uso le baja la intensidad, pero últimamente no me está haciendo mucho efecto.

—A ver, déjame ver ese brazo.

Cris le mostró y el rostro de Charly quedó completamente desconcertado al percibir lo desagradable que estaba.

—No me gusta nada cómo tienes eso… ¿No has pensado ir al centro de salud a que te hagan una revisión?

—Uff, médicos, no me gustan los médicos. Yo siempre los he evitado, me dan mucho miedo, prefiero no ir…

—Entiendo que te dé pavor ir, pero debes hacer un esfuerzo. Armarte de valor y sacar la fuerza necesaria. Si toda la vida te ha impedido la recuperación ese obstáculo, ¿por qué no te enfrentas a él?

—La respuesta es sencilla, te daré mi recomendación: si quieres que el dolor se te vaya, tienes que saber dónde se encuentra el «aguijón».

Es curioso cómo, la mayoría de las veces, cuando sucede algo que requiere que aprendamos, tiramos de la cuerda para evitar el aprendizaje. En vez de adentrarnos a explorar y averiguar qué es lo que nos impide sentirnos bien, preferimos parchear la realidad o huir del camino que la vida nos está poniendo delante.

Un detalle significativo a la hora de explorar en nosotros mismos es que nos damos cuenta de que no sabemos nada. No tenemos ni idea de cómo funciona nuestra máquina más esencial: la mente humana, un mecanismo capaz de funcionar las veinticuatro horas del día, incluso cuando soñamos.

Este artilugio sofisticado y complejo genera vida en movimiento, pero también nos hace sufrir mucho por un sinfín de pensamientos que se originan a diario, de los que la mayoría no son nuestros y son repetitivos. La primera vez que escuché esta información me impactó y me hizo ver la importancia de la mente humana y su relación con el entorno, llegando a cuestionarme el porqué de ese funcionamiento y qué es lo que nos lleva a tener vidas en carencia y enfermedad. Esta situación me parece totalmente alarmante y de primera importancia porque la salud es el primer factor que hay que tener en cuenta.

Al ir profundizando dentro de la mente, podemos observar que coexisten dos mentes. Una de ellas es la consciente, que alberga un cinco por ciento y detecta la información administrándola en la consciencia, y la inconsciente, que está totalmente programada mediante un piloto automático que la mayoría de las veces no percibimos.

La mayor parte de nuestra vida es dirigida por el inconsciente; lo que hacemos, nuestros hábitos, nuestros impulsos, deseos y actividades diarias que realizamos lo hacemos en piloto automático. Difícil de creer, ¿verdad? Pues así funciona la mente humana. Lo bueno es que si ya por defecto tenemos un código o creencia (una programación) que nos está afectando, podemos cambiarlo por otro que nos beneficie en nuestro desarrollo, como por ejemplo: si cada día pienso que no voy a poder ser feliz cuando me vienen acontecimientos inesperados, lo que hago es cambiar la secuencia por otra, como hoy, que es un día maravilloso para ser feliz y disfrutar de todo lo que venga.

Desde que era un niño siempre sentí una profunda curiosidad por la mente. Me adentré y empecé a ver su enorme complejidad y vi que estaba llena de incógnitas. Enormes cuestiones me llevaron a darle importancia porque es el motor que ha hecho de nosotros esta vida. Toda la tecnología, el progreso y el avance científico que ha creado con su magnífica eficiencia han sido espectaculares, pero a pesar de ello nos han dejado con muchas guerras, desolación, hambrunas, enfermedades, etcétera. Y no solo acontecimientos externos que nos irriten y entristezcan; también es precursora de un cúmulo de sentimientos que se ha llevado nuestra plenitud, como la ira, la envidia, el rencor, el resentimiento y el odio. Todo ello ha conducido a la humanidad a lo más perverso y hostil.

El acercarnos un poco al porqué de tantos infortunios nos lleva a la raíz de que todo lo sucedido en el mundo es originado por el pensamiento, por esa «rueda» de innumerables juicios y críticas que la mente misma genera. Entonces, ¿es a su vez generado por nosotros o por una disfunción de ella? ¿Y qué es lo que realmente nos lleva a cometer actos atroces y a producir un sufrimiento inmenso en los demás? ¿Será que no nos conocemos o hemos sido colocados al azar y destinados a vivir la vida de esta manera?

Indiscutiblemente, cada vez son más los índices de suicidio y conflictos mundiales. En la sociedad se presentan muchos resultados de enfermedades diagnosticadas que preocupan a la salud pública. Las personas en su día a día ya no se contentan con tener lo que quieren y, si somos sinceros con nosotros mismos, podemos ver al salir a la calle que vivimos en una humanidad que ha perdido el contacto físico y la manera de relacionarse. Vas a comer a un restaurante y los ves con los aparatos móviles en todo momento mientras esperan a que les sirvan la comida. Hemos dejado atrás la importancia de mantener ese contacto potente que hace mejorar y enriquecer nuestra conexión humana. ¿Pero qué nos ha pasado? Parece que nos hemos desconectado de nuestra vida…

También se puede observar que al mismo ser humano hay algo que le sigue encadenando y que el paso que va encaminado no le favorece ningún bien a menos que haga algo al respecto. Se ha pasado la mayoría del tiempo buscando el enfoque que le beneficie a él y no a los demás. Esa óptica ya de por sí genera cada vez un distanciamiento mayor de su propósito y del mundo, cambiando totalmente su manera de pensar, sentir y percibir lo que le rodea.

Los resultados médicos han generado alarma debido a los elevados niveles de cortisol detectados en los análisis clínicos. El cortisol es una hormona que influye en todos los órganos y tejidos del cuerpo, ayudando a responder al estrés. Para que nos hagamos una idea, si el cortisol no se encuentra en equilibrio, afecta directamente nuestra salud, provocando enfermedades autoinmunes, alergias, problemas cardíacos, etcétera. Por lo tanto, es un indicador de nuestra calidad de vida y requiere una supervisión y exploración minuciosa.

Esta compleja máquina que es nuestro cuerpo, a menudo desconocida, nos ha llevado a grandes infortunios y desgracias, impidiéndonos alcanzar una vida plena y evolutiva. Me pregunto: ¿cómo no sentimos curiosidad por descubrir dónde se encuentra «el aguijón» que nos atormenta?

Hace dos mil quinientos años, un sabio ya pudo responder a esta pregunta con claridad: Buda, quien, mediante su disciplina y determinación, alcanzó una comprensión del sufrimiento. La compasión que mostró hacia los demás y su capacidad para percibir el dolor le permitieron ver que la mente está enferma, nos corroe y nos impide ver con claridad, manteniéndonos esclavos en una actitud de servidumbre ante la vida. En definitiva, la visión que alcanzó lo llevó a entender que la maldición que nos somete es la ignorancia.

A veces, este concepto genera mucha confusión porque suele malinterpretarse y provoca contradicciones. No se trata de que carezcamos de conocimientos teóricos o intelectuales para identificar la verdadera raíz de nuestros problemas, sino que la negación de la realidad o su evitación nos impide alcanzar el profundo entendimiento que es la sabiduría.

Si estamos dispuestos a mejorar nuestras vidas, nuestro enfoque principal debe ser la mente. Las preguntas que debemos hacernos son: ¿Soy yo quien dirige mi mente? ¿O es ella la que me controla a mí? Si es la mente la que nos domina, significa que debemos revisar minuciosamente lo que está ocurriendo en nuestra estructura mental. Si lo que percibimos nos beneficia, perfecto. En cambio, si nos causa desequilibrio o frustración, será hora de aplicar un profundo cambio.

Sé que, a veces, con el ritmo que llevamos, es difícil encontrar un momento para crear ese espacio de introspección. Sin embargo, si dedicáramos el tiempo que pasamos en las redes sociales al desarrollo interior, nuestra vida mejoraría indudablemente.

En los siguientes capítulos, profundizaremos en nuestro desarrollo individual y exploraremos todos los recursos que nos ofrece el camino hacia la soberanía que anhelamos. En este capítulo, me ha gustado hablarte brevemente sobre la mente, porque realmente es ese castillo que debemos visitar si queremos conocer lo que se encuentra dentro. Al enfatizar su importancia, nos llevará a conocernos más y a humanizarnos; siempre que no nos enemistemos con ella, será nuestra mejor maestra junto con la vida, que estará siempre ahí para vernos crecer y evolucionar.

A medida que avances, irás notando el progreso del proceso. Si te identificas con algún tema, siempre puedes releerlo para comprender mejor las ideas. También es vital que subrayes y tomes apuntes. En mi humilde opinión, los libros no están solo para leerlos, sino para estudiarlos. Además, puedes tomarte un respiro para procesar el contenido. Al final de cada capítulo, te recomiendo que te tomes una pausa para crear un espacio íntimo y observarte mejor. No dudes en poner en práctica lo aprendido y explorar a fondo este increíble diseño de la mente humana; aquí te dejo un ejercicio para que empieces.

Ejercicio que puedes hacer diariamente

Cuando regreses del trabajo o encuentres un momento libre, busca un lugar donde te sientas cómodo y nadie te moleste. Preferiblemente, sin ruidos ni sonidos cercanos, lo que mejorará tu calidad de atención. Siéntate en una silla o colchón, como prefieras. Con la espalda recta, cierra los ojos y presta atención solo a lo que hay en tu mente. Notarás cómo tu atención va y viene, como si intentaran arrebatártela por todos los medios. No importa, mantente enfocado intencionadamente. Continúa en plena observación, sin intentar cambiar nada. Imagina que eres un científico observando su proyecto y solo lo contempla. Mi recomendación es que empieces con cinco minutos e incrementes el tiempo a tu ritmo en tu viaje.

2. El comienzo de tu aventura: el autoconocimiento

Parece que fue ayer cuando un evento hizo el «clic» profundo que me llevó a detenerme y comenzar mi viaje interior. Antes de que eso ocurriera, estaba en la secundaria y llevaba una vida «normal» en la que estudiaba cuando debía hacerlo y me relajaba con mi mejor amigo en mi tiempo libre. No tenía muchos amigos y me gustaba estar solo. Había momentos en que podía quedarme en casa sin hacer nada y no me molestaba. Sin embargo, a menudo sentía ese aburrimiento que lleva a la mente a buscar ideas para poner en práctica y salir de ese estado. Era un adolescente de catorce años al que le encantaba jugar con el monopatín, reunirse con su amigo preferido y pasar horas debatiendo sobre la música que escuchábamos juntos. No era un chico que buscara problemas o conflictos. De hecho, si algo me incomodaba, lo ignoraba o huía de ello.

La familia que me ayudó a crecer me inculcó el respeto y la benevolencia. Sin embargo, una parte de ella generó en mí diversos impactos emocionales en determinadas ocasiones. Vivía con mis tíos y mis abuelos. Mis tíos tenían problemas con las drogas y, a veces, se producían conflictos en casa, como gritos y tensiones, que me llevaban a refugiarme en mi habitación, como decía mi abuela. Ella no quería que me entrometiera para resolver la situación, ya que era un problema entre su hijo y ella. En última instancia, no podía hacer nada; simplemente debía buscar refugio y calmar los nervios que agitaban mi estómago. Lo peor era cuando estaba estudiando y escuchaba gritos sin causa aparente, lo que me desorientaba del trabajo; tuve que calmarme mucho en determinadas ocasiones en que me invadía ese «ciclo aireoso» de ira que me impedía concentrarme en mis tareas.

Todo comenzó un atardecer… Ese día recuerdo no haber pasado por ningún disgusto; me sentía bien, sumergido en mis ideas. Acababa de terminar de estudiar, salí del cuarto y me dirigí hacia el salón. Tenía en mente los apuntes y estaba memorizando lo que acababa de repasar; me encontraba inmerso en mi mundo. De repente, escuché algo en la televisión que me llamó profundamente la atención; aunque todavía no sé qué sonido fue, giré la cabeza para ver. En esa pantalla de cristal, llena de imágenes, mi mente y mi alma colapsaron. Vi a un niño que padecía cáncer. Mis ojos se quedaron impactados al ver aquella situación porque sentí el sufrimiento de aquel niño. Pude empatizar tanto que el sentimiento fue tan profundo que me puse en su piel, como si yo fuera él.

La experiencia fue tan impactante y diferente a todo lo vivido que los pilares sobre los que se sustentaba mi ignorancia comenzaron a tambalearse. El miedo que se apoderó de mi pecho, lleno de angustia y ansiedad, terminó por colapsar mis ideas. Quedé asombrado por lo que me estaba sucediendo. Mi miedo creció en proporciones infinitas al ver que este impacto psíquico había dejado una huella profunda en mí. Mis creencias, que me habían sostenido durante toda mi vida, parecían difusas y ahora estaban en cuestión. Ya no poseían la fortaleza en la que podía apoyarme. Estaba flaqueando en todo mi sistema mental y una presión me encogió de horror… Nuevos pensamientos me rodearon de incomodidad, de los cuales no podía huir, y un nuevo temor había crecido en mí. Se había instalado en la base de mi psique, «fruto» del evento traumático que presencié.

Estos sentimientos incómodos acrecentaron muchas dudas y preocupaciones que estimularon en mí la capacidad para reflexionar e indagar mucho más allá de todos los esquemas que tenía impuestos desde que era un niño. Asimismo, suscitaron en mí todo tipo de confusiones y excesos de incertidumbre que no podía controlar, y me surgieron muchas preguntas, algunas de ellas relacionadas con cuándo iba a morir. Me cuestionaba si podía evitar la muerte o si existía una manera de tener una larga vida y fallecer a una edad avanzada.

Además, empecé a darme cuenta de que mis pensamientos no cesaban y me preocupaba en exceso por todo lo que me ocurría. No era capaz de detenerme, no sabía por dónde empezar; algo nuevo había llegado y no lograba asimilarlo. Intentar comprenderlo me dejaba intranquilo, me saturaba y atemorizaba. Ponía todas mis energías en desvelar por qué mi mente estaba «gritando» y por qué este evento me había bloqueado en ese momento…

Pero fue inútil; intenté llevar una vida «normal», como si nada hubiese pasado. Iba al instituto y me relacionaba con los compañeros de clase. Al principio, parecía que todo se podía mitigar, pero con el paso de los días notaba que cada vez me costaba más establecer una comunicación fluida y receptiva. Tenía una enorme dificultad para acercarme a los demás con la confianza que antes tenía para hablar y debatir. La atención que podía prestar a los demás era muy limitada; me quedaba con la mitad de las conversaciones y no lograba concentrarme en las clases. Me resultaba extremadamente difícil, y cada día sentía que mi mente no estaba apta para recibir la información. La agitación que sentía al ver que el curso se me complicaba y que mis ideas sobre la vida no coincidían con lo que me habían enseñado sobre la existencia creó en mí un espacio de profunda reflexión. Esto me hizo perder interés en los estudios y traté de enfocarme en resolver mis cuestiones personales. Este acontecimiento fue tan impactante que rompió todos mis esquemas de vida y algo hizo clic, impulsándome hacia la búsqueda del autoconocimiento.

Te cuento esto porque seguramente habrás tenido alguna experiencia similar o alguna que se asemeje en el mundo en el que vivimos. Quizás todavía no te hayas embarcado en ese viaje interno y misterioso porque te infunde miedo. Si analizamos más a fondo, tu vida debe tener algún acontecimiento guardado o sin resolver que te incomoda. También puedes retroceder en tu pasado y buscar, desde tu sentir, aquello que no hayas podido comprender. Sí, esa es la meta. El hecho que no entendiste, tráelo de vuelta y ponlo delante de ti. Ahora, desde una posición neutral y sin juicio, abraza internamente ese momento desagradable, dejando que el tiempo le dé sentido y lo transforme.

No te preocupes si al traer ese recuerdo sientes que el pecho se te llena de oscuridad y miedos. Tómalo como algo normal. Estamos llenos de innumerables emociones que, a lo largo de nuestra vida, pasarán y moverán lo mejor que hay dentro de nosotros. En este camino, muchas veces tendremos que indagar por recovecos y pasillos en busca de información concluyente que aclare lo que estamos viviendo. Nuestro desconocimiento sobre cómo funcionamos y cómo realmente somos está lleno de velos que se nos han dado con la misión de evolucionar. En un momento que no elegimos, nuestros padres nos dieron la vida y, al crecer, adquirimos una serie de formatos mentales que nos han condicionado. No obstante, ahora que hemos llegado hasta aquí y hemos tomado un atisbo de conciencia, hemos decidido que ha llegado la hora de comprender cómo funciona nuestra mente.

También puedes imaginar esto, que me ha ayudado muchísimo. Visualiza que estás en un navío, y ese navío representa tu mente. Este tiene una serie de aparatos y mandos que estás descubriendo por primera vez, con un sistema completamente hiperconectado, donde cada área tiene su función específica (temores, tristeza, virtud, preocupación, fuerza de voluntad, alegría, etcétera). Siendo tú el «navegante» que desconoce el barco (mente), tu objetivo es aprender a conducirlo y conocerlo por completo. Asimismo, este ejercicio te irá proporcionando paciencia y sosiego para que puedas lograrlo; esta es tu verdadera misión. Recuerda, mantente en calma, todo tiene su debido momento para ser comprendido.

Al comienzo de esta introspección, podemos haber experimentado un profundo desconocimiento de algo que pudiera romper nuestros esquemas mentales, como la dificultad para relacionarnos con el entorno y definir cuál debería ser nuestra vida. Las costumbres que durante generaciones hemos heredado de la familia, nuestro rol en la sociedad y nuestras conductas que, en lugar de favorecernos en nuestro camino, solo nos hacen sentir mal, no solo a nosotros mismos, sino también a los demás. También se cuestionará todo lo que hemos construido y creído hasta ahora. Nuestra percepción irá cambiando al cuestionarnos lo que nos rodea. No solo lo que se encuentra dentro de nosotros; también debemos favorecer el autoconocimiento haciéndonos preguntas sobre todo el entorno. Así es como funcionamos, porque sin esas preguntas que nos llevan a nuevas incógnitas, jamás podremos conquistar terreno y adentrarnos en nosotros mismos. Es como si la realidad fuese una habitación cuadrada. Cuando llega la información, se abre una brecha en la pared. Ves que entra luz y te das cuenta de que esa habitación se amplía y existe un nuevo espacio de descubrimiento más allá. Esto da acceso a una realidad nueva, un cambio desconocido y una manera diferente de percibir el mundo que te rodea.

Cuando surge un reto, problema de cualquier tipo o evento que te perturba, hay un factor crucial dentro de ti que podría decirse que es el más esencial. Es como una potente palanca que te catapulta hacia lo más alto, el bienestar, o te hunde y reprime. Si, cuando enfrentamos acontecimientos estresantes o difíciles que desconocemos, adoptamos una posición de flexibilidad y apertura, estaremos completamente dispuestos a enfrentarlos con total confianza y, sin lugar a dudas, aprenderemos de lo resultante porque acogeremos la nueva información que viene a aportarnos. En cambio, si adoptamos la postura de quejarnos y victimizarnos por las circunstancias o lo que no nos gusta, todo se volverá frío. Además, no veremos la salida y evitaremos recibir la nueva información que nos ayudará a procesarlo. Es como si cerrásemos los ojos y pusiéramos una barrera a nuestro alrededor. No veo nada más peligroso que llenarnos de cosas que al final terminamos cargando el resto de nuestra vida.

Este camino es una búsqueda diaria de ti mismo. Te animo a que indagues en todas las filosofías. Es completamente normal, y a la mayoría nos pasa, que cuando iniciamos un camino de exploración hacia lo desconocido nos invada el vértigo o el miedo a equivocarnos. Sin embargo, si lo miramos con perspectiva, es completamente lógico porque es un territorio inexplorado; no sabemos cómo está construido ese «jardín» ni cómo movernos por ese terreno. Como el agricultor que siempre ha trabajado en la tierra y conoce su terreno de arriba abajo, si de repente quiere cambiar de labor por otra que desconoce, su mundo empezará a tambalearse y a sentirse incómodo, porque es una zona desconocida para él. No la ha estudiado a fondo; la está aprendiendo para integrarla como parte de él. Es decir, cultiva tu propia manera de pensar y de ser. Ábrete hacia lo desconocido, donde siempre sucede algo nuevo. Si encuentras algo de ti que no comprendes, no te preocupes; sigue indagando y buscando respuestas. Date el tiempo suficiente para que puedas reincorporarte cuando estés procesando los cambios en tu vida. En muchas ocasiones se te presentarán desafíos que requieran de un considerable valor personal trabajado y recalibrado. El mundo está para eso, para ponerte a prueba y ver hasta dónde llegas, y si realmente estás dispuesto a dar lo mejor de ti. A crecer como persona, a valorar y amar a tus seres queridos, respetando a todos los seres de la Tierra.

Numerosos cambios vendrán una vez que te haya invadido la «sed del saber», que crea una disposición total de misterio y curiosidad por encontrar respuestas a las preguntas que nos hacemos, como cualquier investigador, científico o filósofo. Estamos llenos de dudas y preguntas, eso es muy normal; está en nuestra propia naturaleza. Eso está muy bien, porque sabemos que hay una sustancia que siempre está activa, latiendo y que nos mueve hacia las respuestas. En otras palabras, cada paso que das se convierte en una mentalidad ganadora en tu vida y en la de los demás que se acercan a ti. Trata de no cerrarte a los cambios que siempre vendrán; entiendo que tener una actitud flexible y acogedora en todo momento puede resultar complicado de llevar a cabo. Con el tiempo, irás regulando tu postura y serás capaz de adaptarte más fácilmente a las situaciones. Te lo digo porque aquello que al principio me llevó a refugiarme en mis ideas tuvo un impacto significativo en mí, y el miedo no me dejaba expresar lo que sentía ni a mi familia ni a mi mejor amigo. Me daba miedo que pensaran que estaba loco y no me llegaran a entender.

Además, percibía a los demás como si vivieran en una realidad distinta a la mía, lo que me hacía sentir más raro y solo, sin poder expresar lo que me sucedía. No tenía a nadie con quien me sintiera seguro. No lograba encontrar a esa persona empática que me escuchara profundamente, lo cual me dejaba sin la opción de abrirme a los demás para contarles lo sucedido…

Como te mencioné al principio, este no es un camino recto; muchas veces encontrarás luces y sombras que no te resultarán del todo cómodas. Empezarás a notar cambios desafiantes. Me refiero a eventos y situaciones que requerirán de ti valentía y esfuerzo, así como la disposición para tomar decisiones que el mismo escenario te presentará. Serán momentos en los que nuestra apertura hacia lo desconocido y lo no familiar se pondrá a prueba, y necesitaremos la capacidad para enfrentarnos y continuar en la senda del conocimiento. Como dijimos en el capítulo anterior, si quieres sanar, debes saber dónde se encuentra el aguijón.

Con esto, me gustaría que no solo lo lleves a la mente intelectual y lo concibas tal como lo estoy explicando desde mi propia experiencia. Siéntelo y permítete experimentarlo en las pausas que hagas al final del capítulo. Te recuerdo que esto es solo un método que puedes emplear como una guía o trampolín para ayudarte de la manera más sencilla posible a dar esos ligeros pasos. Esta información que te estoy aportando son los mismos pasos de mi camino de desarrollo interior, que me han llevado a conocerme y a comprender cuál es la raíz de nuestros problemas y conflictos, para llevarte al empoderamiento y a tu esencia verdadera, hacia la luz interior.

No tengo ninguna duda de que, si estás aquí leyendo este libro, es porque tu motor de búsqueda ya se ha encendido y te ha hecho llegar hasta estas líneas. Eso es muy bueno, porque deseas conocerte y aprender más. Eso me alegra enormemente, y sé que dentro de ti ya se ha movido la voluntad que hace que cada día busques desarrollarte interiormente y mejorar como ser humano.

3. ¿Quiénes somos?
Un encuentro con nuestra raíz esencial

Antes de iniciar este proceso, me gustaría que hiciéramos un análisis del ser humano, ya que durante generaciones hemos vivido en un estado de ignorancia, siendo incapaces de reconocer nuestras fortalezas y de encaminarnos hacia el éxito y el virtuosismo.

A lo largo del tiempo, nuestra sociedad ha sido estructurada por un sistema de creencias e idiosincrasia que hemos ido adquiriendo una vez que formamos parte de ella. Como comenté en la introducción, desde que nos incorporamos a esta vida, se nos enseña una serie de normas, leyes y comportamientos sobre cómo debemos responder ante los estímulos o demandas exteriores. Intentan incorporarnos un sistema o una estructura de pensamiento sobre cómo relacionarnos con la vida y cómo es el mundo. Todo este proceso nace en los primeros años dorados de nuestra vida, cuando podríamos decir que estamos totalmente puros y somos completamente inocentes. Sí, los niños tienen una capacidad sublime para almacenar todo tipo de información, incluso la que menos les importa, porque ya de por sí los mecanismos o dones como la imaginación y la escucha profunda están abiertos y pueden absorber cualquier contenido con un ánimo de aprender absoluto. Además, como ya hemos escuchado muchas veces el dicho de que «los niños son como esponjas» (aprenden rápido), pueden almacenar de todo, y así es, porque ya están conectados a su naturaleza esencial, a la profunda sabiduría. No necesitan nada más. Vienen ya con esa singularidad que los hace tan únicos y especiales.

Así que hemos venido a la tierra totalmente desnudos y empezamos a acoplarnos a una materia que desconocemos por completo y, además, creemos que todo lo podemos guardar y llevar en nuestra mochila de vida, sin ningún coste. Podemos definirlo como si pasáramos por un proceso de configuración y de reenseñanza distorsionada de lo que somos y de lo que es el mundo. Es decir, intentamos llenarnos de cosas que no tienen ningún valor y que ni siquiera necesitamos para intentar sobrellevar un equipaje que nos condiciona, como pueden ser contaminantes químicos, emocionales y conductuales.

Vamos creciendo y adoptamos un conjunto de creencias e ideologías, términos que buscan definirnos e intentan darle sentido a nuestro entorno. Comenzamos el proceso de individuación, una etapa en la que adquirimos una forma de vernos e interactuar, construyendo así una identidad de quienes somos. Es el proceso en el que vamos construyendo un mapa de nuestro mundo, de lo que es posible y de lo que no, al mismo tiempo que se va generando una personalidad. Una estructura psíquica que pueda interactuar bajo los conceptos y esquemas preestablecidos de la sociedad. Un molde que ha sido creado para poder encajar en ella y no salirse de ahí. En otras palabras, para que entendamos lo que estamos planteando, el mundo que el individuo ha desarrollado no es su propia soberanía o independencia. En cambio, es una serie de conceptos, etiquetas, conductas y normas que absorbe inconscientemente e interpreta como si él las hubiera desarrollado, pero no es así. Entonces, esta misma incorporación idiosincrática que en un momento de nuestra vida incluimos como parte de nosotros nos termina por condicionar, identificándonos por completo con estos sistemas que lo único que han hecho es crear conflictos y distorsión en cómo nos vemos.

¿Por qué ocurre esto? ¿Es un defecto inherente a nuestra naturaleza o proviene desde el inicio de nuestra educación?

El problema no surge cuando dentro de esta naturaleza comienza ese cambio, sino en la misma educación que recibimos en la infancia, cuando somos esponjas absorbentes de conocimiento.

Siempre he pensado que todo el pilar básico de la calidad humana está en nuestra educación. En una que tenga en cuenta el respeto, los valores, el uso de la conciencia y el desarrollo interior. A mi juicio, el niño debería jugar más y dejar volar su imaginación y creatividad. Al mismo tiempo, debería ampliar su conocimiento por sí mismo y enriquecer su experiencia, dejándolos más en libertad y sin obligaciones. Siento que debemos permitirles ser, porque así son, únicos y especiales para el futuro de la humanidad.

Desde la antigüedad, hubo filósofos que buscaron estudiar la profunda naturaleza de la realidad y cuál era su origen. Además, estuvieron interesados en cómo era la relación que tenía el individuo con el entorno, lo invisible, la materia y la forma, y destacaron un especial interés por el desarrollo del individuo. Por esta razón, la filosofía era muy especial en aquellos tiempos. Los primeros que se adentraron en ella habían contemplado la imperiosa necesidad del ser humano por descubrir los colosales enigmas de la historia y cuál era su propósito. También buscaban entender para qué estaban en el mundo y qué era lo que podían hacer que les ayudara a trascender su propia vida. Gracias a esta observación, los sabios se habían dado cuenta, con el transcurso del tiempo, de que el individuo reunía ciertas características que le alejaban de su fuero interno, de la autorrealización.

Uno de ellos fue Platón, quien, con sus mitos y alegorías, nos aportó conocimientos sobre cómo era la relación del individuo con el mundo. En el mito de la caverna de Platón, se narra la historia de un grupo de personas que están encadenadas en una caverna. Durante toda su vida han permanecido en ese lugar y pueden ver delante de ellos unas sombras proyectadas en la pared, representadas por figuras y por el movimiento del fuego que ilumina desde el otro lado del muro. El problema es que esas sombras son realizadas por encapuchados que se encuentran escondidos. Estos seres juegan con su percepción, manipulándolos constantemente. Esta alegoría nos quiere mostrar que vivimos atrapados en una ignorancia colectiva que nos adormece. Sin embargo, uno de ellos pensó lo contrario, empezó a dudar y comenzó a hacerse preguntas. Sumido en su deseo de querer saber qué había más allá, decidió liberarse de las cadenas, salir de esa prisión y ascender por la cueva. Al principio, se llevó un tremendo susto, temeroso por la luz del fuego que nunca había visto, y, por un momento, casi vuelve a la oscuridad, a las cadenas, pero siguió su marcha con coraje. Mientras avanzaba, sentía y percibía que había algo diferente: más luz afuera. Sabía que algo oculto estaba más allá de las apariencias que le rodeaban. Al llegar al exterior, sintió una inmensa paz que le liberó del tormento de la cueva. En ese momento de entusiasmo, al ver que existía una realidad completamente distinta, contempló la naturaleza, lo noble y bello, la verdad. Este ser, lleno de un sentimiento grandioso, conmovido por la alegría, pensó en regresar para contarles a los demás prisioneros lo que había hallado.

Sin embargo, cuando el mensajero llega hasta ellos y les comenta que las sombras en la pared que están viendo son una ilusión, los prisioneros, sin dudarlo, rechazan su idea. Piensan que ha perdido la cabeza por haber salido de la cueva. Lamentablemente, no siguen su visión y se niegan a salir al exterior, prefiriendo permanecer en la oscuridad de lo conocido, perdiendo así la oportunidad de descubrir la auténtica realidad.

En la alegoría podemos observar cómo se revela el desarrollo interior, esa búsqueda de conocimiento a la que, de alguna manera, estamos llamados. Esa potente «chispa» que nos impulsa a trascender nuestros condicionamientos. Una forma de romper con ideas rígidas y lineales —una mente cerrada— es a través de una reflexión filosófica que nos lleve a cuestionar lo que pensamos. Tener una disposición abierta para hacernos preguntas que la mayoría de las personas quizás no se harían. Insisto en que no se las harían porque lo que mantiene a un grupo de personas en la ignorancia es proporcionarles una manera de pensar inflexible y rígida, para que no se salgan de esos parámetros, y de esto está plagada la sociedad. Por eso, hay que ser muy valientes para enfrentarnos a lo que nos ha alimentado: a todas esas actitudes egoicas con las que hemos construido nuestros paradigmas. Esa percepción que tenemos del mundo, en la cual nos sentimos totalmente cómodos al ver los genocidios y horrores, diciéndonos a nosotros mismos que no somos responsables de la oscuridad que hay en el planeta Tierra. De toda la contaminación diaria que vamos produciendo por doquier, por la conducta obsesiva generada por el impulso animal que nos gobierna y nos encadena. Este dolor que hemos infligido a nuestros seres queridos y a los animales, haciéndoles temblar de dolor y sufrimiento...

Así que este mal que hemos creado, la Tierra lo está sintiendo. Ella ha percibido cómo nuestro corazón se ha enfriado y esa aflicción yace en nuestras profundidades. Esa sombra que siempre nos persigue y nos atormenta diariamente, dejándonos un «mal sabor de boca» cuando terminamos el día y nos vamos a la cama. Las veces que ignoramos lo que nos pasa y miramos hacia otro lado cuando vemos que es posible un cambio. Esto lo percibe nuestra madre Tierra; sabe que nos hemos desvinculado de nuestro propósito de vida y, sin embargo, sigue sosteniéndonos. Nos ofrece sus alimentos, el oxígeno y su esperanza de que el ser humano se permita escuchar algún día lo que le susurra. Ella conecta y contiene toda la sabiduría, la infinita inteligencia de la que formamos parte. Una verdadera trascendencia que existe en el alma humana y lo mueve todo. También debemos ser capaces, y está en nosotros la responsabilidad, de tomar nuestras elecciones porque ahí reside nuestra soberanía, la verdadera libertad de hacer un cambio. Una evolución que no solo nos afecte a nosotros, sino a todo el conjunto que vive a nuestro alrededor. Esta evolución debe facilitar y armonizar la vida en todos sus aspectos para que podamos sentirnos enriquecidos por un estado saludable en todas las áreas: económica, social, mental y espiritual. El objetivo sería ir hacia la única meta favorable, que es el sentido común.

La pregunta del millón de dólares es: ¿cómo?, ¿por dónde empezar? Ese momento en que te pones delante de ti mismo y te dices: «Esto no puede ser...», «Aquí tiene que haber una solución», «Debe de haber algún acertijo que encierre todo esto». Esta catarsis que vivimos a diario no se puede deber al azar ni estamos sujetos a la suerte, dado que en sí mismo existe un principio de correspondencia en todo lo que nos pasa. Si lo que vemos en nuestras vidas es miseria, caos y destrucción, podemos ver que de algún lado eso proviene, y los que estamos en el planeta somos nosotros, los seres humanos. Por lo tanto, debemos detenernos y mirarnos desde un plano diferente que nos haga plantearnos el porqué de todo; esto nos lleva hacia el punto más crucial que debemos resolver: nuestro mundo interno. Al llegar a ese punto de enfoque, podemos darnos cuenta de que no sabemos quiénes somos, no tenemos ni idea de quién habita en este cuerpo ni quién es el que dirige nuestra vida. Entonces, ¿somos realmente nosotros, o hay un conjunto de órdenes o sistemas que computan nuestras acciones?...

Si has estado a merced de las circunstancias, movido por una cantidad excesiva de emociones que te impulsan a desatar hacia el exterior todo lo que no te gusta de ti, ahora es el momento de que te des un respiro. De que empieces ese camino tan bonito y hermoso que es descubrir lo que hay detrás de esa identidad que llevamos puesta, sabiendo que hay muchas preguntas que nos saturan, pero que gracias a ellas vamos conociendo todo lo trascendente, potente y bello. Tranquilo, que antes de que vayas encontrándote con esas gemas hermosas del misterio, nos aparecerá uno de los frenos que más nos sabotea: el miedo. Es lo que más nos paraliza y nos trastorna en todos los ámbitos, aunque no es para echarse las manos a la cabeza y salir corriendo, no. En este camino, muchas veces nos sentiremos al borde del abismo en el que veremos ese vértigo porque estamos descubriéndonos, haciendo nuestros análisis de conducta de esa personalidad automática y construida con el paso de los años. Si ves que te empiezas a encontrar muy mal, recuerda siempre mantener la calma y no crear un enfrentamiento contigo mismo. Sé consciente de que cuanto más te alarmes, el escenario en sí se vuelve peor: te tensas más, te resistes a lo que estás viviendo y aumenta la ansiedad y el miedo. No te desanimes si te ocurre esto, es muy normal. Tú sigue queriendo resolver lo que realmente quieres mejorar en ti. Todo aquel que se ha introducido a conocer lo que quiere mejorar entra dentro de sí mismo para revelar significados ocultos que rodean la existencia e informaciones que yacen latentes en lo más hondo de ellos. (Me refiero a todas aquellas personas que están dispuestas a querer un cambio y a tener total disposición y compromiso de mejorar su vida). Se dan cuenta de que un poderoso llamado álmico les anima a querer continuar en ese camino y en la motivación de conocer todo lo que existe.

En los momentos en que sientas que el mundo lo tienes encima de ti y experimentas un intenso ahogamiento, puedes ayudarte de nuestra querida amiga que siempre nos apoya: la respiración. Podemos usarla conscientemente, observando cómo entra por nuestra nariz y boca, llega a los pulmones y exhalamos todo el aire con total liviandad. Recuerda que, si se presentan estados ansiosos, de ira o de cualquier índole que haga que nuestra atención se desboque, siempre puedes hacer uso de esta técnica que mejorará tu alineación de los pensamientos, incrementando una mayor coherencia y potenciando la claridad. Lo que ocurre cuando nuestro aliento es agitado: nuestra mente se desorienta y no puede centrarse ni estar completamente lúcida, y esto produce severos desajustes en nosotros y en nuestro cuerpo. Por eso, lo fundamental para ajustarnos adecuadamente y saber qué debemos cambiar de nosotros es comenzar a discernir qué quiero embellecer. Para obtener un discernimiento amplio y revelador que pueda hallar una respuesta significativa, la técnica que ya te mencioné creará un impacto profundo en tu trascendencia. No sabes la cantidad de empresarios que, antes de tener una reunión, hacen uso de ella. Solo cinco minutos antes de la junta, crea otro estilo de cómo enfrentar los desafíos, promoviendo soluciones que, sin hacer uso de la técnica, no se tendrían en cuenta. No solo es la ejecución del ejercicio, sino la práctica continuada que hace que la estructura psíquica vaya moldeándose, adaptándose a nuevas incertidumbres y retos que a primera vista nos sería difícil afrontar.

¿Qué sucede si me encuentro con eventos desafortunados que en el momento quiero entender, pero veo que no puedo remediarlo inmediatamente o no me dan la posibilidad de que mi mente pueda comprenderlo y aceptarlo? Tranquilo, a menudo llegan numerosos mensajes e información que aún no estamos preparados para recibir. Sin embargo, eso está bien porque cada uno tiene un propósito y misión en la vida, y no todos estamos en el mismo nivel de consciencia para integrarlo. La vida te hace esta encrucijada incómoda, que en verdad es algo mágico que sucede en lo hondo de nuestra alma. Te lleva a un debate interior y a naufragar por nuevos mares desconocidos donde se te abren las puertas hacia una dimensión profunda de ti mismo. Es decir, cada experiencia que tengamos deja una huella en nosotros que nos da la posibilidad de descubrir lo que yace oculto y nos ofrece posibles alternativas y nueva información que, sin ese hecho, no sería posible.

Ese es nuestro camino.

Ser cada vez más consciente de lo que acontece a nuestro alrededor y de lo que sentimos es un proceso gradual. Día a día, debemos adoptar una actitud de observadores, atentos a lo que entra y sale de nosotros. Poco a poco, adquirimos una postura más armónica, una actitud que nos ayuda a reducir el estado reactivo y ofuscado de la mente condicionada, desvelando las cortinas que impiden captar esos matices necesarios para el crecimiento. Este es un modo de destapar lo que se encuentra velado y reprimido en nuestra psique, como recuerdos, traumas, pensamientos o deseos. Carl Jung lo llamó el inconsciente, lo que está oculto o que no se puede ver. Nuestra misión en este desarrollo es conocernos mejor, aumentar ese faro de luz y alumbrar las zonas oscuras de nuestra mente. Así, podremos saber lo que hay, comprenderlo y llevarlo de nuestra mano. Si está en nuestra naturaleza, significa que debe ser integrado para que podamos cambiar.

A lo largo del camino, me he encontrado con personas que desean mejorar sus vidas. Se esfuerzan por aprender y cambiar, pero no terminan de responsabilizarse completamente de lo que el proceso requiere. Creen que la solución o el profundo cambio interior consiste en recopilar información y aumentar el conocimiento sobre una materia. Nada más lejos de la realidad. Para que algo cambie, debe haber una evolución, una transmutación, una alquimia en nuestro fuero interno, una experiencia como la del capullo que se transforma en mariposa. A eso queremos llegar, es nuestro objetivo. La parte intelectual, claro que sí, ayuda a discernir, pero si luego no se actúa internamente para que esa energía bloqueada se mueva y se dirija hacia donde uno desea, entonces estamos en las mismas.

La transformación requiere modificar aquello que ha creado el problema. La vicisitud por la que estés pasando necesita un cambio de enfoque respecto al origen del conflicto: dar un paso atrás para obtener una perspectiva diferente, aprender a verlo con otros ojos, con una mirada distinta. Aprender a ver conlleva una metamorfosis psíquica de nuestro eje de identidad llamado ego, revisando todas sus características y cómo se ha desarrollado su esquema para desapegarnos de la función mecánica que lo acompaña. Desempolvar toda su matriz para comprenderlo y resolverlo. Podría ser como una entidad a la que estamos apegados todo el día, sujetos a su falso engaño. Cambia de direcciones según le plazca y recalca que siempre es inconformista. Se queja constantemente y nunca está conforme, sin olvidar el autosabotaje que nos inflige. Además, siempre cree tener la razón en todo. Aquí hay que resaltar un detalle importante: percibe las situaciones de forma amenazante, siempre imponiéndose por encima de cualquier persona o realidad. Lo peor es que percibe todos los elementos de la realidad como separados. Es decir, los individuos no se ven como un mismo ser, sino como piezas de un puzle que no se reconocen. Además, todo lo ve desde el hemisferio izquierdo del cerebro. Esto tiene una explicación científica y está completamente demostrado en estudios realizados. En esa zona, vemos el mundo con un prisma totalmente diferente al lado derecho de nuestro cerebro. Ese lado percibe la realidad por estructura y formas, y es donde se origina el lenguaje y el razonamiento. Digamos que es la zona más rígida de nuestra conducta, que ve todo por partes no conectadas entre sí, sin relación entre ambas. A diferencia del lado derecho, que se aprecia totalmente distinto. Esta zona se caracteriza más por la intuición y por una capacidad de ver todo el conjunto como una misma unidad. Ahora, los elementos aparentemente distantes tienen una relación entre sí y cada uno ejerce su propia función. Todo está interconectado energéticamente con un sentido y orden. Además, también predomina nuestra imaginación y creatividad, y es la región que se activa cada vez que escuchamos música.

La misión de todo ser viviente es adentrarse en el proceso y recopilar información de su experiencia, estableciendo amplios espacios para detenerse, respirar, relajarse y contemplarse. No olvidemos que nuestro objetivo es recuperar nuestro enfoque: la vida que pasa delante de nuestros ojos y que no apreciamos. Solo con levantarnos cada día con la idea de hacerlo mejor que ayer, de enriquecer nuestra vida y ser cada día más humanos, podemos dar lo mejor a los demás. Solo con eso, tenemos gran parte de nuestra victoria en nuestro desarrollo interno, porque no hay nada que impacte más profundamente en cómo nos tomamos las cosas que nuestra actitud. Tener una actitud positiva, a pesar de cómo nos encontremos, nos llevará hacia la resiliencia y comprensión de la etapa que estemos pasando. Cuando tenía dieciocho años, recuerdo que mi miedo a la muerte superaba toda la faz de la tierra y la ansiedad por hallar la respuesta se acrecentaba cada día. No solo eran las dudas sobre mi propia persona y la vida, que se volvía confusa e impermanente, sino que no comprendía por qué era así. No podía entenderlo, y eso me generaba mucho desasosiego y una disociación intensa a la cual no podía darle su completo significado. Pasé mucho tiempo de aquí para allá con muchas ideas que no comprendía, sin saber por qué habían llegado en ese momento. Solo sé que esa información me «obligaba» a detenerme; lo sentía como una fuerza que recorría todo mi cuerpo con la intención de querer solucionarlo. Más allá de las ideas que pasaban constantemente por mi cabeza y cuestionaban mi propia existencia, siempre dirigía mi atención a desenmascarar el evento que me había dejado ese miedo perturbador.

Es completamente lógico que cuando no lo estás pasando bien y una circunstancia te ha afectado o dejado una cicatriz, la mente comience su propio análisis. Sin embargo, esto nos deja muy agitados por el deseo de entender qué sucede. Lo importante aquí es no dejarnos influenciar por nuestros pensamientos e intentar, en la medida de lo posible y con los recursos que tenemos, mantenernos sosegados y completamente tranquilos. Debemos aprender esa perspicacia para mantenernos acoplados en nuestro eje central, en la base ecuánime. Así, no nos dejamos arrastrar por esa corriente de innumerables pensamientos que solo nos llevan al autosabotaje, la excesiva autocrítica y una elevada preocupación estresante. Si te sientes arrastrado y ves que la marea turbulenta de pensamientos te ha enganchado, puedes realizar esta técnica que me parece muy útil en esos momentos. Cuando notes que un pensamiento te atrapa y te arrastra hacia su abismo de confusión y lamento, no te resistas. Acéptalo y dale la bienvenida al lugar que te lleva. Verás que al permitirte recibirlo con los brazos abiertos, su fuerza disminuirá y estarás más capacitado para poner orden y mantener tu mente clara y enfocada.

Conseguir penetrar en el inconsciente de una forma armoniosa y flexible, evitando todo tipo de quejas y tensiones, facilitará en gran medida su avance. Lo que suele suceder con este proceso es que estamos llenos de cadenas que nos impiden avanzar, como carencias, creencias o traumas heredados, y todo eso nos bloquea a diario. Si a diario estamos con estrés o ansiedad y tenemos obstruida la energía por esto, y empezamos a protestar o a descontentarnos, estaremos peor porque dificultaremos más el flujo de la energía que hay en nosotros. Lo mejor que puedes hacer es ir corrigiendo esa energía densa de años de dolor y no solo quedarte ahí como cuando vamos a terapia y nos hacemos alguna sesión. Al momento, estaremos mejor porque las emociones están más equilibradas, pero si no vamos a lo que nos ha causado ese sufrimiento, a la causa, de nada ha servido ir a terapia, puesto que ha sido un aliviador, un parche del momento. Tenemos que recuperarnos de verdad, ir más allá y ver qué hay detrás de esas emociones tan negativas que se nos han ido quedando. Revisa cada momento en que te das esa ocasión de ser humilde contigo y observa qué es lo que te sigue atando a viejas conductas y modelos. Exprime toda tu voluntad en destapar lo que yace oculto detrás de todo. Enfréntate a ti mismo con esa valentía y amor de querer conocer y aprender lo que todavía no sabes de ti. Cambia la manera en que te ves y miras el problema. Esto te ofrecerá mucho entendimiento y se te irá abriendo una percepción de la que antes no eras consciente, dando como resultado una realidad totalmente nueva.

Menciono esto por el ejemplo que voy a citar ahora: si tomamos un objeto y lo observamos de frente, esto genera en nosotros un conocimiento de ese marco de la realidad, pero está limitado por esa percepción frontal. Por lo tanto, si cambiamos de enfoque y lo miramos desde otro ángulo, obtendremos otra información; ya no lo veremos desde el mismo prisma y, además, toda la realidad que representaba esa percepción anterior cambiará por completo.

El evento o aquello que nos producía alguna emoción negativa se transforma y adquiere un nuevo sentido en nuestra relación con ello. Es decir, cada ángulo desde el cual nos situemos representará una realidad diferente, en la que podemos recibir nueva información que antes no apreciábamos. Esto es, sin duda, una capacidad muy poderosa que nos brinda la curiosidad y el misterio por querer comprender la vida, abrirnos a lo diferente y a lo que aún no hemos ampliado en nosotros. Lo primero es estar dispuestos y mantener ese espíritu de crecimiento para tener la fortaleza de poder situarnos en «la otra orilla», en un nuevo descubrimiento que nos ayudará a expandirnos y a amar. Cuanto más preparados estemos para abrir esas puertas que parecen cerradas de manera inconsciente, más recursos encontraremos que nos facilitarán la comprensión de nosotros mismos.

La mejor táctica que puedes emplear para tu desarrollo es la batalla sin lucha. El mejor luchador es aquel que gana sin hacer uso de sus habilidades. Imagínate estar frente a tu contrincante y, en lugar de enfrentarlo, te dedicas solo a observarlo hasta que, finalmente, se cansa y cae al suelo. Esa es nuestra maestría: se basa en aprender cómo se desenvuelve nuestra mente mientras nos relacionamos con el entorno. Cada vez que cambiamos de lugar o de personas, vemos cómo se mueve, juega y cuál es su mecánica. Estamos en este precioso despliegue del autoconocimiento para descubrir su profundo enigma, un sendero lleno de acertijos e incógnitas con la misión de orientarnos hacia el tesoro que somos: la consciencia.

4. La brújula interior: la consciencia

He querido comenzar este capítulo con este título porque es, sin duda, un gran misterio, y nadie puede revelar a otro este camino que cada uno de nosotros atraviesa. Podemos mostrar atajos, ofrecer orientación y pistas para que la semilla que se esconde en lo más hondo de nuestro interior comience a germinar y vayamos reconectando con esa chispa, esa esencia que cada día nos hace vibrar y estar de buen ánimo. Es esa fuente de luz que siempre ha estado ahí, pero que nos resulta difícil captar.

¿Por qué es complicado captar esa presencia que siempre está con nosotros? ¿Por qué muy pocas personas saben lo que se esconde debajo de nuestro cuerpo? ¿Hay algo que lo active? ¿O simplemente en algunos se despierta ese proceso porque ya estaba predestinado?

Todo esto es una incógnita, como mencionaba; lo que realmente podemos aclarar y poner sobre la mesa es que, durante nuestra vida, recibimos innumerables golpes, unos más duros que otros. Muchas personas, a lo largo de su vida, se han quejado por lo que les ha ocurrido, lo cual ha sido consecuencia de un desconocimiento de la propia realidad o de su desarrollo. Se podría decir que la persona, en ese momento, estaba actuando en base a lo que conocía, a sus conocimientos pasados, a su nivel de comprensión de la vida. Y no es ni bueno ni malo, simplemente es el nivel de entendimiento que tenía.

Pero el problema no es si uno tiene más capacidad que otro, sino quedarse atrapado golpeándose constantemente sin poner remedio alguno. La situación que se presenta una, dos y tres veces tiene una misión que va mucho más allá. Tienes un grandioso secreto escondido, cuya función es hacerte ver qué es lo que estás repitiendo o haciendo mal. Por eso, el hecho de que se repita una y otra vez es porque viene a darte la enseñanza que necesitas, y puede manifestarse de muchas maneras, como un accidente o una enfermedad.

A mis quince años, me encantaba jugar con el skate. Todos los días que tenía tiempo, pasaba horas y horas con el monopatín. La forma en que me relacionaba con mis ideas y el mundo no era del todo tranquila. Solía ser un poco orgulloso, y mi manera de imponerme sobre la realidad, mi forma de pensar, hizo que, en el momento menos indicado, me diera un golpe muy fuerte en la rodilla izquierda con el eje del skate. Tuve que detenerme y sentarme debido al dolor que sentí; te lo puedo asegurar, vi las estrellas de la contusión.

Este impacto en la rodilla me hizo estar una semana y media sin poder doblarla y, además, no podía arrodillarme en el suelo. Pasé diez días intentando doblarla, y poco a poco lo fui consiguiendo hasta que me recuperé por completo. Pude caminar perfectamente, pero hubo algo más profundo, más allá del hecho en sí, que me hizo no volver a patinar. A pesar de haber tenido muchas caídas, nunca había sufrido una contusión tan fuerte que me obligara a detenerme de esa manera. Creo que ese mismo freno que me impedía continuar en ese deporte me hizo cuestionarme mi interior y vi que ese camino por el que andaba había llegado a su fin. Sentía que el skate y yo habíamos terminado nuestra relación y que ese periodo había concluido.

A lo largo de nuestra vida, se nos presentarán situaciones que nos hagan plantearnos un cambio, como una enfermedad, un accidente o una contusión, como fue en mi caso. Pienso que la vida es muy sabia en todas sus facetas porque tiene mucho poder para corregirnos y cambiar lo que estábamos haciendo inconscientemente, o incluso mostrarnos el camino que está o estará predestinado para nosotros cuando realicemos esos ajustes. Me refiero a esa voz profunda que siempre nos dice lo que debemos hacer y nos conduce por el sendero correcto. No al ruido de la mente lleno de pensamientos que genera más confusión y tormento en nuestra vivencia, sino a ese sentimiento de paz y calma mientras mantenemos la atención y la escucha profunda en nosotros. Esto realmente nos beneficia, proporcionándonos bienestar y generando armonía hacia todos los seres humanos. Además, nos conecta con lo más puro y bello que es nuestra alma.

A medida que nos sintonizamos con este cálido sentimiento de paz, comenzamos a darnos cuenta de que todo nuestro mundo cambia y dentro de nosotros brota una fuerza que nos mueve hacia otro cauce completamente diferente. Al principio, vemos que esta potencia tiene una fuerza contraria y totalmente distinta a la reacción impulsada por nuestro comportamiento mecánico. Podemos presenciar cómo empezamos a movernos por la vida con una orientación nueva a medida que esparcimos nuestra esencia por todos los rincones de la Tierra. En esta metamorfosis, uno empieza a realizar grandes saltos evolutivos, donde la conciencia se expande y el ser emerge. Muchas veces no somos conscientes del poder que tenemos. No nos damos cuenta de lo poderosos que somos, de todo lo que podríamos llegar a construir y de la tremenda capacidad que tenemos para crear la realidad que deseamos.

Cuando nos reconocemos como los principales responsables de todo lo que nos sucede, ahí, y solo en ese punto de parada y escucha profunda, es cuando se desglosa la verdadera aceptación de lo que nos ocurre. El drama y la lamentación no pueden entrar en ese estado de neutralidad porque lo estamos viendo desde una posición libre, sin posicionamiento, en la que adoptamos todas las perspectivas y nos abrimos a lo que la vida nos ofrece. Desde esta óptica, podemos ver todo el terreno; desde ahí, se abre un increíble abanico de posibilidades, no solo blanco o negro, como rige el pensamiento dual, sino desde esa conexión profunda que nos permite apartarnos y crear un distanciamiento entre el observador y lo observado. De esta manera, somos más capaces de despertar nuestro foco de luz, esa esencia pura y brillante a la que podemos llamar consciencia. Ese es nuestro verdadero propósito: ser capaces de conectarnos con ese guerrero impecable, lleno de valentía, amoroso y libre de miedos que, a pesar de lo que teme y le dificulta en el camino, no se queda quieto ante las adversidades que le ocurren. Además, poder unirnos con el sentimiento correcto de amor y de sentido común que nos beneficia a todos.

Esa parte de nosotros sabe cuál es el camino necesario en todo momento.

Aunque nos lleve por un lugar desconocido y lleno de tropiezos, sabemos que nos conducirá hacia lo que necesitamos para nuestra evolución y aprendizaje.

Al desprendernos de las lentes con las que antes veíamos la vida, sucede algo muy especial. El individuo ya no se rige por lo que le dicta su mente, sino que mantiene una escucha atenta y activa de su voz interna. Se sintoniza con las señales que le muestran los susurros de su alma. Es una comprensión profunda e inmersiva en la que el individuo ya no se ve desde ese ángulo limitado y conocido. Está completamente a un nivel muy por encima de la mente ordinaria, rodeado por un cúmulo de sentimientos vivos y pacíficos que lo mueven por el mundo, viviendo la vida como si la estuviese viendo por primera vez. Todo lo que percibe a través de esa conexión con el corazón se vuelve cambiante, nuevo y fresco. La manera en que percibe la realidad y cómo la vive desde esa visión se convierte en una experiencia rica en todos los sentidos. Deja de ser una obligación depender de algo para sentirnos «bien» y se abre una nueva vía para conocernos mejor y contemplar el mundo que nos rodea. Además, nuestro modo de relacionarnos cambia cuando estamos orientados por lo que nos dicta el corazón. Desde ahí, todo cobra una enorme hondura, donde lo primordial es el sentimiento que se manifiesta, haciéndose opulento y conectivo entre los seres humanos. Por lo tanto, nos guiamos por esa energía que se manifiesta en nuestro interior y somos más conscientes de lo que pasa por nuestros esquemas mentales, ayudándonos a darles el cauce necesario para llevarlos a su origen de entendimiento y coherencia. Desde esa apertura, podemos concebir un gran número de patrones jamás vistos que pasan a cada momento por nuestros ojos, un sinfín de ondas electromagnéticas y vibraciones cuando estamos con los demás (todo esto es información que nos muestra cómo se sienten y piensan). Es decir, al reconectarnos con esa gran capacidad, que en realidad es nuestra esencia, nos conducimos a ese reconocimiento de nuestra divinidad. Al aceptarnos, independientemente de cómo queramos que sea nuestra realidad y nosotros mismos, nos valoramos y nos acogemos con todas nuestras debilidades y fortalezas, más allá de lo que nos gustaría o no ser. Desde ahí, se da el paso hacia el amor a uno mismo, que es donde se potencia esa conexión con el espíritu o ser que siempre ha estado ahí y ahora estamos volviendo a juntar, sintiendo su presencia, su eterna sabiduría, nuestro origen divino.

Ese encuentro de volver a ser uno mismo, o lo que es lo mismo, seguir la banda sonora de nuestro corazón, nos brinda la posibilidad de saber que estamos en el camino correcto. No sabemos exactamente dónde vamos a terminar, pero sabemos con total certeza que nos llevará por el camino adecuado para que se cumpla nuestro propósito álmico y podamos llevarlo a cabo. Para ello, la vida nos irá mostrando las señales de un modo tan especial. Iremos sintiendo cómo todo está entrelazado e hiperconectado de una forma tan mágica que nos hará enfrentarnos a nuevos obstáculos de superación personal que nos convertirán en la mejor versión de nosotros mismos. Además, nos pondrá en contacto con personas que nos ofrezcan lo mejor de ellas, lo que han conseguido en su descubrimiento de la vida, así como numerosos eventos y lugares. Todo ello con el objetivo de hacernos ver y comprender para qué estamos verdaderamente hechos, que es ofrecer nuestra visión y propósito a los demás seres humanos.

Siempre me gusta recordar y poner de manifiesto la importancia de mantener esa escucha profunda en nuestra alma, porque ella es la conciencia expresándose a través de nosotros. Cuando me doy el privilegio de sentirme y de abrazar esa chispa de luz que soy, inmediatamente accedo a la bella conciencia que me ilumina en mis momentos más oscuros. Me da la oportunidad de ver qué opciones tomar en base a la situación que estoy experimentando. Darles la bienvenida y acogimiento para poder ver a través de ella y, en la medida de lo posible, solventar mi vida. Podemos decir que esa conciencia es como nuestra torre de control. Cuando no estamos conectados a ella, no estamos en nuestra torre de control y no vemos con total amplitud. Nuestra percepción está completamente reducida; no podemos ver más allá de lo inmediato y superficial. En cambio, si damos ese paso hacia atrás o amor hacia nosotros mismos, veremos cómo la situación se transforma por completo porque el ángulo desde donde estamos mirando es completamente distinto. Subyace una profundidad y un mayor alcance de amplitud del territorio, y nos posiciona en un estado de neutralidad y recibimiento. Haz tú el ejemplo por ti mismo: estando debajo de un edificio, mira hacia el frente. Luego sube por el edificio hasta la azotea y contempla el mismo plano desde ahí; verás cómo todo lo ves desde una percepción diferente y con un mayor alcance en entendimiento.

No importa por dónde estés caminando o si estás atravesando una mala racha. Yo he tenido experiencias muy malas y también pasé por momentos en que tomaba drogas. Con esto quiero decir que, en realidad, lo importante no es lo que te esté pasando, sino la intención que tengas en el proceso que estás viviendo. Si dentro de ti está esa curiosidad por aprender y si tu objetivo es dirigirte hacia la consciencia, la vida te pondrá delante todos los obstáculos para que desarrolles esa comprensión y puedas acercarte más hacia tu meta, que es el entendimiento de lo que te está sucediendo. De esta manera, los mismos vacíos que antes te producían ahogo y ansiedad los ves como oportunidades para el mejoramiento de uno mismo, como el ennoblecimiento y la lucidez. Eso es lo que nos lleva a ir dándonos cuenta de que estamos aquí como niños, que nos estamos constantemente autodescubriendo y que cada día vemos algo nuevo en nosotros que antes no habíamos vislumbrado.

Algo superépico comienza a surgir a medida que nos vamos conectando con nuestro camino. Estaremos abiertos a unas nuevas conexiones llamadas las verdaderas vibraciones. Ya en su momento lo había explicado el escritor David Icke. Comentaba que llegaría el momento en que la raza humana despertaría a una nueva realidad y se volvería a conectar con la conciencia infinita, con su origen, a medida que nos fuésemos sintonizando con nuestro corazón. Ahí es donde comienzan a entrar estas conexiones que nos orientan hacia la verdad y empezamos a vernos desde un mismo ser, donde hay un reconocimiento en el otro porque todos formamos parte de un mismo núcleo, de una unidad cósmica.

Escuchar al corazón y dejarse llevar por la energía que emana de nuestra alma es la guía del guerrero. Podríamos decir que esa es la verdadera fuerza que tenemos para conquistarnos cada día a nosotros mismos. Desde ahí podemos sobreponernos ante cualquier caída porque sabemos que en ella se encuentra un gran aprendizaje. Siempre que lo veamos desde el lenguaje de nuestro ser, desde la postura de la curiosidad y el entusiasmo, estaremos en disposición de disfrutar del viaje. A pesar de lo malo que podríamos pasar, recibiremos el gran regalo que es la gran enseñanza para evolucionar.

La vida se volverá muchísimo más sencilla mientras estemos escuchando la voz de nuestra esencia, que siempre nos susurra para guiarnos por la senda correcta. Nos advierte a todas horas, como la brújula que siempre indica su dirección. Si queremos ser un buen navegante, deberemos hacer caso a nuestro centro principal, que es nuestro mapa interior, que es el alma. Y puesto que en un mapa se conocen las localizaciones de llegada y destino, si tomamos conciencia de ello, creo que lo más lógico y de sentido común es seguir su orientación para no acabar en zonas incómodas y desagradables.

Si quieres ver qué sucede con toda tu vida segundo a segundo, párate ante cualquier cosa que estés haciendo. No me refiero a que dejes de hacerlo, simplemente observa lo que está sucediendo a cada momento. No lo juzgues, ni lo interpretes, ni lo califiques; solo adéntrate en la exploración de todos los pequeños rasgos que te muestra el momento. Presta atención a los pequeños detalles que están sucediendo ahora en este presente. Conéctate a esa respiración donde siempre está entrando y saliendo el aliento vital. Es esa fuente de poder que te conecta con este momento y te lleva al aquí y ahora. Desde ahí, eres más consciente para ver qué es lo que se está originando en tu interior, como las innumerables sensaciones que percibe el cuerpo y las emociones que tenemos ahí guardadas sin expresarlas ni vivirlas.

Si cada vez que enfrentas un conflicto que te inquieta, te plantas ante él con determinación y te dices a ti mismo: «Estoy abierto a esta enseñanza», «¿Qué es lo que quieres de mí?», y te permites ser receptivo al proceso, te prometo que resurgirás de las cenizas, si es necesario, como un ser nuevo, fresco y auténtico. Además, una manera adecuada de encauzar los eventos y evitar que nos sobrepasen es adoptar la fe en nosotros mismos. No me refiero a la fe en un culto religioso, sino a esa actitud de confianza y amor hacia nosotros mismos, en la que, pase lo que pase, seguiremos las mejores pautas para sobrellevar la situación y lograr los mejores resultados.

Una vez escuché a una chica que me enseñó una gran lección: la responsabilidad recae siempre en nosotros. Somos dueños de todo lo que nos sucede, y todo lo que llega a nosotros es porque, inconscientemente, lo hemos atraído con el poder de nuestra energía y pensamientos. Recuerdo que estábamos viendo la parte de gestión emocional en un curso que hacía con ella. Sabía en ese momento que debíamos ser responsables para que nuestra vida generara un cambio y pudiéramos ser felices, pero no había imaginado que también podríamos atraer situaciones desagradables, como un gran impacto tipo accidente o contusión. Ella me abrió a un mundo más amplio de entendimiento sobre por qué nos suceden tantos misterios que no comprendemos, y la raíz de eso siempre se encuentra en el eje central, en nuestro interior. Nikola Tesla parecía comprender los misterios que envuelven toda nuestra existencia. Creía que, si queríamos entender el universo, debíamos pensar en energía, frecuencia y vibración. Eso era todo.

La calidad de nuestra vida está determinada por nuestro nivel de consciencia o métrica energética. Dependiendo del rango al que accedamos, nos conectaremos con diferentes grados o estados mentales. Existe una tabla que lo representa muy bien, indicando que las emociones más densas, como la apatía, la culpa y la vergüenza, generan realidades de sufrimiento y destrucción porque vibramos en esas ondas. Estas frecuencias se encuentran muy por debajo de la zona neutral y se consideran creaciones de carencia y miedo. Si nos hallamos en ese campo, no estamos sintonizándonos con nuestra máxima expresión y nos encontramos sin libertad sobre la situación, siendo absorbidos por las circunstancias. Aun así, la tabla revela la luz al final del túnel, ofreciendo la posibilidad de aumentar nuestra conciencia. Para llegar ahí, debemos hacer un cambio en nosotros y abrirnos a la posibilidad de que nuestra situación pueda transformarse. No debemos quedarnos en el «no puedo»; tenemos que ir más allá, ser capaces de darle la vuelta a todo lo que nos pase. Ahí estaremos estableciendo una mejor apertura para sintonizarnos con las altas vibraciones y llegaremos a purificar los velos que nos impiden entender. De la misma forma, al asentarnos en la neutralidad, sabemos que todo lo que se manifiesta en nuestra vida es porque lo estamos creando. Y si hacemos algo que no nos gusta y lo estamos originando, nuestra responsabilidad debe ser recuperar el poder para repararlo, transmutarlo y devolverlo convertido en luz.

En el camino te encontrarás con grandes dificultades; no te voy a mentir. Es un sendero tedioso, lleno de confusión, lamento y desconocimiento de dónde estamos y hacia dónde debemos ir, porque la voz de nuestro ego siempre está hablándonos y nunca se detiene, generando aún más obstáculos con el fin de sabotearnos y distanciarnos de nosotros mismos. Además, siempre tiende a alejarte de tu presencia, de tu conexión con tu alma, porque constantemente te lleva al pasado para lamentarte y al futuro para preocuparte. Por lo tanto, si quieres respuestas, ve a tu corazón; es ahí donde se encuentra tu equilibrio, la resonancia con lo que realmente eres y con ese ser en su totalidad, donde puedes empezar a crear y manifestar lo que desees en tu vida. Date la oportunidad de abrirte a este sentimiento tan bonito y maravilloso que es el amor puro del espíritu. Guíate por lo que sientes, por lo que dice tu sentir, tu corazón. También puedes empezar a alinearte con la energía que hay dentro de ti: esa corriente de vida que siempre está en constante movimiento por todas las células de tu cuerpo. Al principio notarás cómo este campo vibracional está estancado y parece que no circula; puedes llegar a percibir cómo está bloqueado, como si las aguas de ese río estuvieran obstruidas por un tronco de árbol que impide su movimiento. No te preocupes, eso es señal de que en tu interior hay trabajo que hacer, y eso es una buena señal porque nos ayuda a saber que, en realidad, necesitamos un cambio para recuperar la salud. Asimismo, puedes estar pasando por alguna dolencia o tener arraigadas creencias o condicionamientos que no dejan que ese conducto esté limpio y pueda pasar toda esa vitalidad. Lo mejor que puedes hacer, y siempre te hablo desde mi experiencia, es ser completamente humilde, sincero y coherente; así podrás observar lo que tienes frente a ti que te somete, dándote la oportunidad de arreglarlo y aceptarlo, siéndote fiel completamente sin engañarte a ti mismo. En fin, solo tú sabes lo que te está pasando en ese momento, lo que te produce dolor, bloqueo y vacío, y en ti se encuentra la llave para resolverlo.

Las herramientas que necesitas para resolver lo que te pasa te las dará el universo a medida que te vayas alineando con lo que te ofrece la vida. Cada vez que te conectes contigo mismo, aparecerán como por arte de magia. De hecho, la sabiduría no es algo que uno posee, sino que es un entendimiento e información infinita a la que vamos accediendo cuando aprendemos a soltar ese control, esa mente egocéntrica que quiere controlarlo todo. En este sentido, al desapegarnos de toda esa estructura, vamos despertando el sexto sentido, o también llamado el tercer ojo, donde podemos establecer sintonía con frecuencias más elevadas. Al abrirnos, permitiremos que nuestro corazón se caliente y se potencien estados de sosiego y positivismo. Gracias a esto, la parte rígida de nosotros comenzará a perder peso y estaremos más receptivos a lo desconocido, permaneciendo atentos y más conscientes de todo el proceso interno. Esto facilitará una mayor canalización de todo lo que ocurre, manifestando cada vez más conciencia en nosotros, que es el objetivo de todo ser humano: volverse más él mismo e iluminar el corazón gradualmente.

El llamado que yo sentí hacia el cambio fue impulsado por ese insondable susurro que venía de lo más puro y silencioso. No sabía de dónde provenía; solo sé que urgía mi atención porque sentía como si una parte de mí estuviera encerrada y necesitara que yo la visitara, la conociera. Esa entidad que yo no conocía siempre intentaba ponerse en contacto conmigo y yo hacía lo posible por comprenderla y acercarme a ella. Pero durante ese camino encontré numerosas piedras y trampas de las que actualmente agradezco que estuvieran ahí porque me hicieron ser quien soy ahora. Esa entidad que se comunicaba conmigo me ayudó a valorarme, a crecer y a saber quién realmente soy (estoy poniendo de manifiesto a esa bendita luz que hay en todos nosotros, el niño interior). Todos somos esa energía de creatividad y asombro expresándose en todas las direcciones. La infinita paz rodeada de sencillez y pureza, donde no existe el conflicto ni el ruido, donde todo es natural y perfecto. La llama que siempre permanece encendida y que nos orienta en el camino; incluso podemos estar rodeados de muchísima oscuridad, que no importa mientras permanezcamos conectados a ese brillo natural del ser porque nuestra verdadera esencia divina siempre nos protegerá.

Todo desde nuestro corazón se manifestará con luz emanada del creador. Para ello, como comentábamos antes, debemos sintonizarnos con la frecuencia adecuada para poder ser canal de esta energía y elevar nuestra vibración. Al ir logrando este desarrollo individual, nuestra calidad de vida irá mejorando y equilibrándose en todos sus ámbitos, tanto en las relaciones personales como en la salud y la economía. Es decir, dependiendo de la cantidad de energía que tenga una persona, desarrollará un modo de vida que va acorde a su estado mental. Si estamos más abiertos y nos permitimos soltar y, sobre todo, confiar totalmente en la propia vida, te puedo asegurar que las respuestas y el camino se te revelarán cada vez que des esos pasos por el sendero del alma, del propósito para el que estás hecho. Esta misión es verdaderamente importante y conlleva totalmente la responsabilidad de ser la mejor versión de ti mismo y servir a los demás para que reconozcan ese potencial dormido que habita en sus corazones. Por ello, nuestro objetivo es observarlo, reconocerlo y manifestarlo para el bienestar de la humanidad.

5. La fe inquebrantable

Al reflexionar sobre el capítulo que estoy a punto de desarrollar, me llena de alegría compartirlo en este libro, donde puedo expresar el verdadero valor que se encuentra más allá de nuestro caparazón de miedos, inseguridades, creencias, condicionamientos y patrones. Antes de adentrarnos en el tema, quiero destacar lo que discutiremos en estos párrafos. No se trata de una técnica o método para aplicar en momentos de crisis o ansiedad, sino de una fuerza poderosa que nos mantiene firmes y valientes frente a cualquier adversidad. Sí, me refiero a la fe.

La fe abarca numerosos significados, como el conjunto de creencias en una religión o la confianza depositada en una persona o deidad. No nos referiremos a esa conducta ciega e ignorante que se deja llevar por el miedo y cree en algo para evadirse de la realidad. La fe a la que nos referiremos en este capítulo trasciende cualquier dogma o normativa. Supera con creces lo que podamos imaginar, ya que representa una convicción de certeza en uno mismo. Es una naturaleza que siempre nos acompaña y se manifiesta en nuestra capacidad de empoderamiento: la voluntad. Esta fuerza es la ausencia de miedo. Cuando enfrentamos un reto que nos desafía y nuestra actitud se define por la ecuanimidad y la creencia en nuestras propias capacidades, estamos en esa inquebrantabilidad. Es la fuerza divina que todo lo puede solventar y equilibrar.

A lo largo de la historia, hemos visto cómo la fe ha sido utilizada en las religiones. No solo para que las personas tengan algo en lo que creer y aferrarse como método de escape, sino también para dividir, crear conflictos y originar guerras sin sentido. Año tras año, siglo tras siglo, y aún en pleno siglo XXI, no hemos podido limpiar esa mancha. Nos ha dejado una fe ciega en la creencia de que alguien vendrá a salvarnos de nuestros mayores pecados cotidianos y arreglará esas «vidas» que hemos construido con una estructura psíquica demente... Nada más lejos de la realidad. Este estado de evasión ha generado mucho dolor y ha servido para controlar a las personas. Además, se han creado diferentes instituciones religiosas en todo el mundo, cada una con sus propios credos, viviendo separadas como si no tuvieran relación entre sí. Lo peor no son las diferencias, que cualquier ser humano puede tener, sino que se ha llegado a matar por la religión y las creencias. Si hemos llegado a esos extremos, estamos en el último escalón de la decadencia humana. Sin embargo, este tipo de conducta no es la que abordaremos aquí.

En este espacio, donde me comunico abiertamente contigo, te mostraré la verdadera fe que te ayudará a conquistarte y a volar por encima de todo lo que se interponga en tu camino. Su fuerza proviene de la poderosa intención que pongamos en nuestros retos. Es el elixir que te impulsa con éxito y te mantiene enfocado en tu objetivo. Si estás paralizado ante lo que te asusta, vuelve a centrar tu atención en lo que realmente vale la pena: en ti mismo, en tu valía, confianza, poder personal y en la semilla de amor que siempre florece en tu interior.

A pesar de lo difícil que pueda ser la vida, siempre hay algo inexplicable que nos mantiene con esperanza y vivos, llenos de la profunda convicción de que superaremos lo que estamos pasando. No puedo explicar exactamente de dónde proviene este sentimiento que lo puede todo y nos da energía. Pero lo que sí puedo decirte es que, incluso cuando todo parece oscuro y sin posibilidades, esta convicción constante de ausencia de duda te mantiene completamente positivo. Es un estado en el que comprendes que, cuando el miedo no perturba tu mente constantemente, esta se libera de la presión que adormece su profunda comprensión de que todo lo que te sucede forma parte de un plan mayor. El amor es la ausencia de miedo. Por lo tanto, si queremos sentirnos más plenos, empoderados y libres en la vida, debemos activar la fe. No solo hacer un decreto, sino ejecutarlo dentro de nosotros. Ponerla en marcha, porque ella es la que nos lleva hacia esa fraternidad, la comunión de hermandad entre todos los seres.

Las vías para desplegar este potencial son muchas, pero no hay mejor entrenamiento que los obstáculos que enfrentamos cada día. Hay momentos en los que atravesamos crisis que nos ahogan, como la pérdida de empleo, una ruptura amorosa, problemas económicos, etcétera. Estos sucesos generan en nosotros innumerables emociones, como frustración, tristeza, miedo, entre otras. Aunque estos ejemplos pueden llevarte a sentirte decaído y desmotivado por un tiempo, son lo suficientemente impactantes como para activar la fe inquebrantable, como hemos llamado este capítulo. Tengamos en cuenta que, para que se despliegue este furor imbatible, deben presentarse en nosotros sucesos. No solo externos a nivel físico, sino también causas internas, como estados emocionales perturbadores a los que hemos estado apegados durante mucho tiempo sin poder comprender. Para que se desate ese rugido del que hablamos, que no es una cólera sino una manifestación creadora en actitud y confianza mediante la intención, debe originarse en nosotros algún tipo de impacto en nuestra psique. Un choque con nuestros miedos más profundos que nos haga sentir acorralados y sin salida. Estados en los que, por un momento, puedes sentir que la vida te va a devorar, perdiendo la esperanza y la ilusión por todo. Hasta que, por un momento, ves que hay algo que te sostiene. Una llama que siempre está encendida y te protege ante cualquier calamidad, manteniéndote arropado en un hogar fresco y silencioso. Yo lo llamo los brazos de Dios. Este lugar, para mí, son las puertas del cielo que nos dan la seguridad de que, pase lo que pase, siempre estamos protegidos por un plan mayor.

Estamos aquí para ser puestos a prueba y ver si somos capaces de aprender del proceso por el que estamos pasando. Todo lo que recibimos en la vida lo hemos creado nosotros. Vivimos en un mundo energético en el que somos seres que constantemente estamos creando diferentes niveles de vida, atrayendo hacia nosotros experiencias de todo tipo con el objetivo de seguir trascendiendo nuestro ser. En la Biblia hay numerosos relatos que detallan vivencias en las que el ser humano ha sido puesto a prueba mediante una enfermedad, crisis económica, problemas matrimoniales y un sinfín de tragedias para ver hasta dónde pueden llegar nuestras capacidades para mantenernos ecuánimes y resolver nuestras vidas. Aquí te dejo una historia en la que, gracias a los infortunios que nos ofrece la vida, nuestra estructura psíquica empieza a descomponerse y el individuo despliega un conocimiento diferente porque el camino se lo exige para su liberación.

Job era un hombre de corazón puro. Su hogar se encontraba en Uz y Jehová le tenía un gran aprecio. Sin embargo, había uno que no lo amaba: Satanás.

Satanás, la energía contraria, consiguió que Adán y Eva le dieran la espalda a Jehová. Esto le hizo pensar que podía controlar a cualquier persona haciéndole caer en la oscuridad. Pero, ¿podría hacerlo realmente? ¿Conseguiría destruirlo?

Job se había convertido en un fiel devoto de Jehová. Él pensó en ser un ejemplo de honradez y quiso demostrarle a Satanás que no todas las personas somos iguales y que cada una tiene su propia visión.

Satanás dijo: Job es fiel. Él pensaba que Job estaba rodeado de bendiciones y protegido en todo momento. Creía que si esa bendición se le quitaba, terminaría por maldecirlo todo.

Debido a esta disputa, decidieron poner a prueba a Job. Jehová le dijo a Satanás que le hiciera daño y le quitara lo que tenía, pero hizo especial mención en un dato importante: le comentó que no le quitase la vida para ver si le maldice.

Satanás, con su deseo de quebrarlo, hizo que unos hombres le saquearan el ganado y los camellos. También sus ovejas murieron, incluidos sus hijos en una tormenta. Además, por si fuera poco, le sometió a una terrible enfermedad, causándole muchísimo dolor. Su esposa, al ver tanta desgracia junta, le dijo que maldijera a Dios.

Job se mantuvo firme en su convicción. Fue fiel a sí mismo.

Este acto auténtico llenó de alegría a Jehová, quien observó cómo Job afrontaba su vida sin dejar que la tentación y el miedo lo apartaran de su fe. Como recompensa, Jehová bendijo a Job, lo sanó de su enfermedad y lo convirtió en un ser mucho más próspero que antes.

En el relato de Job, del Antiguo Testamento de la Biblia, se muestra cómo las tragedias pueden transformarse en oportunidades para aprender y crecer frente a las adversidades que se nos presentan. Job, a pesar de todo lo que había recibido de su «dios», continuó creyendo en él. Comprendía que lo que le había sido enviado tenía un propósito y sabía que nada ocurría por simple casualidad. Entendía que detrás de aquel gran sufrimiento se encontraba una recompensa valiosa. No se dejó engañar por otras opiniones ni influencias externas. Toda la insatisfacción que le causó la pérdida de su ganado y el dolor por su enfermedad lo llevaron a aferrarse aún más a su fe, creyendo que todo tiene un sentido y un plan divino. Es en esos momentos cuando uno se vuelve indestructible, y no me refiero a nuestra fisicalidad, sino a esa voluntad divina que existe en todos los seres humanos. Por más que te hieran, te roben o intenten hacerte daño, dentro de nosotros hay una luz de convicción y claridad que desarrollamos al enfrentarnos a lo mundano y a las trampas del ego. Esto nos ayuda a desplegar poco a poco toda esa fuerza interior que emerge en los momentos más críticos de nuestra vida. Siempre que seamos conscientes de que todo llega a nosotros porque es necesario para nuestra evolución, estaremos en disposición de recibir la sabiduría y anclarnos en nuestro poder, desechando el caos y sentándonos en el trono de la armonía con Dios, que es nuestra fe indomable.

Este resurgimiento de nuestra capacidad para enfrentar problemas, inconvenientes o el mal está potenciado por lo que yo llamo el combustible de este ánimo que te mantiene como una roca fuerte: la intención. La intención, en términos espirituales, puede elevar la vibración energética de nuestro cuerpo e incluso alterar la realidad física, sabiendo que un pensamiento totalmente enfocado puede cambiar nuestras vidas. Es como un punto de referencia hacia el cual queremos dirigir y concentrar toda nuestra energía para que la experiencia que necesitamos nos ofrezca el reconocimiento de lo que transitamos. Por eso, en las áreas de nuestro crecimiento se menciona también esta poderosa fuente de poder de Dios que habita en todos nosotros. Es creadora y sublime porque tiene el potencial de elevarnos por encima de lo material y egocéntrico, transformarnos y manifestar la realidad que deseamos. Por ejemplo, para crear algo, primero debe ser visualizado y pensado, y no solo eso, sino que debe ser impulsado energéticamente por el combustible del que hablamos antes: la intención. Si no pongo toda mi voluntad en lo que quiero crear, no habré plantado esa semilla para que la raíz crezca y pueda recoger los frutos. Volviendo al ejemplo de Job, si él no se hubiese mantenido en la convicción de que todo forma parte de un plan divino y que su fe incalculable no es negociable, habría perdido su orientación. Se habría desconectado de su fuente de poder, de su eje central, llevándolo hacia el miedo, que es de donde surgen todos los problemas y conflictos.

No solo tenemos el ejemplo de la historia de superación de Job, quien vivió una tragedia. A lo largo de la historia, también ha habido casos en los que numerosas personas se han curado de enfermedades incurables. Pacientes diagnosticados sin esperanza de vida por los médicos han llegado a recuperarse gracias al poder de la fe. A estas sanaciones, cuando se producen y luego son examinadas por los médicos, se las denomina milagrosas porque no hay pruebas que expliquen el suceso. Sin embargo, si analizamos lo sucedido y los ejemplos a lo largo del tiempo, podemos ver que donde ha habido curaciones inexplicables siempre ha permanecido la fe. La fe es más que una palabra; mueve montañas y está cargada de una fuerza inimaginable para desplegar un potencial enorme, no solo para alcanzar grandes retos o dificultades, sino para volar por encima de lo que nos atormenta y abruma.

Mi experiencia con la fe me ha abierto a un mundo lleno de posibilidades cuando las circunstancias y mis problemas parecían no tener solución. Puedo decirte que en los momentos más oscuros, la fe me ha ayudado a mantener el rumbo. Incluso cuando llegaban las fuertes oleadas y rachas de frío, el acogimiento que sentía en este eje de no permitirme caer en la desesperanza y el abatimiento me llenó de una fuerza extraordinaria. Esto me llevó a darme cuenta de que el universo, minuto a minuto, te está poniendo a prueba. No solo te reta para ver si te mueves, sino que cada momento busca comunicarse contigo. Intenta establecer una conexión energética, aunque la mayoría de las veces andamos con los canales cerrados por el ruido en nuestra mente, lo que impide que entre información nueva. Por eso, lo único que debemos hacer es ir abriendo poco a poco nuestro canal para ampliar el alcance vibracional y recibir nuevas ondas de energía. Esto no sucede porque sí; es una constancia que desarrollarás con intención espiritual, que te llevará a atraer las situaciones necesarias para tu aprendizaje y evolución, y podrás desplegar la fe inquebrantable. Te pone en situaciones para ver hasta dónde llegas y qué harás. Dios siempre está ahí arriba observando, aunque no lo veas, y te guía para ver si activas ese poder que te llevará hacia tu prosperidad y riqueza interior.

Siempre observo que los seres humanos no se llevan muy bien con dos palabras: perseverancia y paciencia. La primera, porque requiere que seamos más ecuánimes y constantes, y para lograrlo debemos tener una inteligencia emocional adecuada que nos mantenga en esa acción. La paciencia, por otro lado, nos lleva a un estado en el que debemos ser más conscientes de nuestra impulsividad y, por lo tanto, aprender de la calma y sus beneficios. Con esto quiero decir que hemos olvidado que todo en la vida se construye desde el esfuerzo y nuestra capacidad para ser persistentes. Todo fue primero visualizado, pensado y luego llevado a la acción. Nuestra capacidad para detenernos y relajarnos ha sido completamente olvidada por tanto tiempo que nos hemos volcado hacia las demandas exteriores, ignorándonos a nosotros mismos. Por lo tanto, ahora es momento de reconocer nuestra propia voz, detenernos y permitirnos recibir lo que merecemos. Verás que, al permitirlo desde adentro, la paciencia entrará en tu camino, abrazándote y dándote con cada suspiro un aliento de vida para que en tus momentos de crisis salgas victorioso y liberado. Estas dos semillas son la puerta del autoconocimiento que te ayudará a mantener al diablo a raya. Te ayudará a encontrar todos los recursos que necesites y, en el momento más inesperado, hallarás el gran poder de la intención que viene con esa fe imparable de amor y sabiduría.

No puedo enumerar los beneficios infinitos que me ha aportado esta gran potencia de luz porque no tengo suficientes hojas para escribir las innumerables bendiciones que siento. Lo que puedo prometerte es que, si te muestras flexible ante todas las dificultades que estés viviendo y te permites recibir y confiar en que la vida te dará todo lo que mereces por estar vivo, el velo se irá cayendo por sí mismo. Esta potencia invencible se revelará ante tus ojos. No hay ningún secreto ni nada misterioso; todo está muy bien tejido para que vayamos abriendo el cofre donde nos esperan los mejores regalos. Están ahí para ser explorados y reconocidos; si hay algo que forma parte de nuestra profunda naturaleza, ¿por qué no aprender de ello? ¿Por qué no abrirnos a una nueva perspectiva donde afloren nuevas vivencias y experiencias?

Y si supieras que dentro de ti se encuentra la solución a todos los problemas, ¿qué harías?

6. El perdón, la puerta hacia la dimensión espiritual

En los capítulos anteriores hemos explorado cómo mejorar nuestras vidas frente a los problemas cotidianos que enfrentamos con las circunstancias externas. Aunque estas dificultades persistan, podemos resolver nuestro mundo interno y desplegar todas las joyas que poseemos. Además, podemos absorber el néctar del aprendizaje continuo, que nos transportará a una mejor versión de nosotros mismos, transformando toda nuestra estructura psíquica. Sin embargo, para que todo esto pueda manifestarse, hay una puerta muy especial que a muchos les repele: la puerta del perdón.

Es fundamental que te hagas estas preguntas: ¿para qué deseas un cambio? ¿Qué te impulsa a embarcarte en esta profunda búsqueda? Al responderlas, te darás cuenta de algo tan profundo como el autoconocimiento. Este camino te exigirá dar el paso de transformarte y ampliar tus saberes. Debes cambiar tu perspectiva sobre la vida: tus costumbres, creencias y todos los condicionamientos que has arrastrado. Toda esa programación que te ha mantenido sufriendo y viviendo con miedo. El secreto está en que el proceso requiere una transformación total de nuestra identidad. No es posible que el cambio se produzca si lo viejo sigue presente. Esto que llamamos antiguo, o lo que yo denomino las cadenas del sufrimiento, no desaparecerá hasta que nos demos la oportunidad de soltar aquello que nos perjudica. No nos llena en absoluto y no solo nos hace daño a nosotros, sino también a todo el entorno que nos rodea. Esto es lo más difícil de dejar atrás, porque nos hemos acostumbrado tanto a la personalidad enfermiza que estamos completamente enganchados a las emociones negativas que nos produce. Claro, salir de ahí de un día para otro es difícil, pero no imposible.

La mayoría de las personas que han querido cambiar y no han podido dar el salto es porque siguen manteniendo las cadenas de la esclavitud. Si queremos cambiar nuestro estado de servidumbre, debemos ser como la oruga que se convierte en mariposa. Ella hace todo lo posible por convertirse en una nueva presencia, totalmente diferente a la anterior. Aquí es donde hay mucho freno y resistencia a esa profunda metamorfosis, porque requiere un gran trabajo y no todos están dispuestos a pagar ese precio. Llegan a la puerta que les liberará de todos los tormentos y retroceden porque la luz es tan potente que les impacta. Esto es muy normal, porque si vemos que hay una entrada donde nuestra identidad va a morir, es lógico que queramos huir. Pero si hacemos autoconciencia, vemos que todo en la naturaleza cambia, se transforma, y que estamos hechos para la evolución continua. La transmutación va de la mano con todo lo que debemos resolver en nosotros, y ese primer paso, que para nadie es fácil, es perdonarnos.

El perdón es la entrada hacia una nueva dimensión o, podríamos llamarlo, hacia la espiritualidad. Este acto lleno de amor nos permite elevarnos y tiene el poder de sanar toda nuestra vida. Sí, como estás leyendo. Se le llama la medicina del siglo XXI. Contiene todas las respuestas a las incógnitas que engloban los problemas de este mundo. Nos permite dejar ir el pasado, adoptando un estado de aceptación que nos ayuda a liberar todas las emociones negativas para que sigan el cauce por donde deberían haber ido, dejando que el proceso mismo las integre dentro de nosotros.

Este poderoso acto de amor conduce inmediatamente a que todo se resuelva por arte de magia. Puedes sentir como si entrases en un nuevo mundo donde lo que antes parecía imposible ahora se vuelve posible, y nuestra vida se torna fluida, amorosa, pacífica y llena de salud, donde la alegría permanece y se mantiene con nosotros. El perdón nos sincera, nos hace más humanos y nos ennoblece constantemente, creando una comunión consciente con nosotros mismos.

Pienso que pasamos mucho tiempo observando los actos de los demás y cómo nos han perjudicado. Lo que nos han hecho y cómo nuestra bestia justiciera nos grita constantemente, deseando venganza para intentar equilibrar la balanza por el daño que se nos ha infligido. Déjame decirte algo: tu dolor no sanará y lo que te pasó no se remediará haciendo que el otro sufra el mismo mal que tú. Cada día vemos cómo el mundo intenta compensar el daño mediante guerras y conflictos entre países por la desigualdad entre naciones. Desde que nacimos, hemos vivido en la misma historia donde nunca se repara el daño causado. Esa oscuridad que ha permanecido durante siglos oscureciendo el corazón del ser humano es esa plaga que no nos ha dejado comprender el sufrimiento humano. Lo ha mantenido preso de sus emociones más primitivas, como la ira y el miedo, desconectado de la comprensión hacia los demás y de sí mismo. Alejado de su entendimiento, sin ser capaz de empatizar con el daño ajeno, convirtiéndose en una bestia deshumanizada, confusa y violenta. Al analizar cómo el animal que llevamos dentro nos ha dominado completamente, generando más problemas que soluciones, vemos que tomamos la justicia por nuestra propia mano para equilibrar la angustia que nos causaron, una acción inconsciente impulsada por un comportamiento compulsivo y descontrolado.

Si queremos purificar nuestro estado mental desordenado, debemos ser capaces de ponernos en la posición del otro y ser humildes con nosotros mismos al admitir nuestros errores, abrazándolos con todo el amor del corazón. Reconozco que para hacer esto se requiere de una gran valentía. Ir poniendo todas las piezas desorganizadas por ese desequilibrio en la recta vía no es solo cuestión de unos días; no te voy a mentir, lleva su tiempo. Acercarnos a esa puerta que ha estado bloqueada, sellada y alejada de nuestra consciencia requiere de muchísimo coraje, vueltas de tuerca y de mucho trabajo interior. La vía más fácil es abrirnos, ser receptivos y aceptar lo que nos perjudica para poder llegar a ser una mejor versión. Por lo tanto, y por más que nos duela, si queremos sanar, debemos pasar por la puerta que no queremos atravesar.

El primer paso es adoptar una actitud de recogimiento y deseo de salvarnos. Sabemos que dentro de nosotros tenemos todas las oportunidades para recuperarnos si nos damos la libertad de volar, sabiendo que merecemos estar bien y que esa debe ser nuestra primera ley por estar vivos. Me gustaría que siempre tuvieras en mente que no hay nada más importante que tu bienestar y quiero que lo mantengas en primera línea. Si no estamos equilibrados, no somos felices y, por lo tanto, nuestra vida carece de sentido y se vuelve completamente repetitiva y caótica. Sé consciente de este detalle, camina hacia la sanación porque no hay nada más fundamental que crear una vida rica para ti y todos los demás; me gustaría que esto lo tuvieras muy presente. Date cuenta de por lo que estás pasando. Si te sientes mal, no rehúyas de ello; no seas como yo, que siempre que me sentía mal, hacía todo lo posible por no querer pasar por esos momentos tan desagradables. En la vida hay situaciones donde se nos remueven muchas emociones que nos molestan y está bien, aunque no nos guste; están ahí para poder experimentarlas y darles su sentido. El hecho de que estén dentro de nosotros requiere reconocimiento y su tiempo para observarlas y conocerlas. Darles su significado para integrarlas y aceptarlas. Todos tenemos algún tipo de miedo, como al sufrimiento, a los medios de comunicación, a la persona que te hirió o a una pareja que te infravaloró. Lo más importante es hacerlo consciente, detectarlo y darle la ocasión de liberarlo en todo su fondo mediante la vía más poderosa que existe: el perdón. El paso que te lleva a la luz divina.

Todavía no puedo imaginar hasta dónde puede llegar este elixir que tiene el don de purificarlo todo. De darle un entendimiento profundo a lo que es insignificante y carece de sentido, hasta poder llegar incluso a salvar vidas que están totalmente acabadas o muy mal. Las numerosas personas que han tomado el control de su vida y se han dado el tiempo para recuperarse han visto qué resultados trae y qué conjunto de beneficios les aporta, siendo infinitos. No hay palabras suficientes para agradecer lo que se esconde detrás de este acto tan humilde y consciente.

Sobrepasa todos los niveles de la comprensión humana, llevando al individuo a trascender sus capacidades limitantes de razonamiento. Le hace cuestionarse un modo diferente de ver el suceso que le causó un gran impacto y lo observa desde una perspectiva nueva, donde no está el velo del juicio constante: un plano superior de consciencia. Ya no existe el «me agrediste» o el «me hicieron»; no hay víctimas ni culpables. La responsabilidad recae totalmente en uno mismo para transformarse mediante la propia introspección.

Todos poseemos las gemas necesarias para realizar el gran cambio de nuestros sueños. Reúne fuerzas y, si te das ese espacio único de silencio, hallarás en ti la valentía para hacerlo. Date todo el amor, respira la gran fragancia cálida que eres y avanza hacia aquello que te cuesta atravesar y te impide soltar, dejándolo ir. En ti está la decisión de darle una nueva orientación y de llegar a sentirte mejor contigo mismo. Al darte ese recibimiento y al abrazar lo que te molesta para entregárselo al universo, podrás entender su significado oculto: por qué ese dolor estuvo contigo tanto tiempo. Obtendrás nueva información que llenará tu alma al saber que todo lo que te sucedió formaba parte de lo que tenías que aprender. Los hechos que te causaron tantas desdichas no estaban ahí para hacerte sufrir, sino para que aprendieras a ver de otra manera, desde otro punto de enfoque que te ayude a no volver a caer en lo mismo que te llevó a esa angustia.

En nuestra sociedad se ha ido normalizando la idea de que el ser humano debe evitar el dolor a toda costa y aferrarse al placer. Hemos olvidado cómo enfrentarnos a esta calamidad con el paso del tiempo, y los saberes de la antigüedad han quedado totalmente relegados. Hoy en día, gracias a los nuevos descubrimientos y a la recolección de información, nos estamos revelando a nosotros mismos y estamos volviendo a darle su reconocimiento y valor. Las numerosas escuelas de pensamiento que han descubierto infinidad de vías para transformar la vida concuerdan en que el dolor está ahí como un medio para elevar la consciencia, superarse a sí mismo y ser nuestra mejor versión. Se centran en que este es el mejor amigo del aprendizaje y que está en nosotros como la más elevada meta para conquistarnos continuamente. No sería posible la evolución constante si no existiera este recurso tan valioso. Además de ser la puerta hacia nuestros infiernos, donde nos enfrentamos cara a cara con lo que no queremos ver y nos causa muchísimo miedo, también es la que nos lleva hacia una existencia mucho más sentimental y pura. Una dimensión donde todo es posible y se puede alcanzar cualquier cosa que nos propongamos, porque ya estaríamos aceptando el dolor como maestro de la vida, integrando las polaridades de lo bueno y lo malo, lo blanco y lo negro (la dualidad). La ley de los contrarios son simplemente experiencias que nos nutren constantemente y que nos van dando lo que el alma necesita para seguir renovándose y ampliándose. Sabemos que siempre estarán ahí las dificultades a nuestro lado para que podamos reconocer la valentía, el poder de servir a los demás y el agradecimiento por todos esos momentos en que nos hemos caído y los que aún nos quedan por levantarnos.

No puedo estar más feliz de lo que ha hecho esta piedra preciosa conmigo, hasta el punto de dar pasos que parecían totalmente inalcanzables. Ver cómo al principio las resistencias que te impiden dar esos movimientos se deshacen y se convierten en trampolines hacia nuevas relaciones donde se puede compartir todo. Poniéndonos en la piel de las demás personas, siendo compasivos con todas las criaturas existentes y la vida humana, aun sabiendo que, a pesar de todo el dolor que nos puedan causar, en nosotros está ese don de permitir dejar ir la incomprensión y la ignorancia de no empatizar con el sufrimiento ajeno. Además, nos hacemos conscientes de que en la sensibilidad está la magia de la vida. Cuando elegimos sentir todo aquello que no quisimos integrar en el alma y que reprimimos, se nos abre la puerta de las eternas bendiciones porque inmediatamente aparecen posibilidades que no sabíamos que estaban ahí. No sabemos la cantidad de cosas bellas y buenas que nos regalan simplemente por darnos la oportunidad de volar, y no solo para nosotros, sino para los demás también. Cuando quiero sanar y me dedico a limpiarme de todo lo que me ha intoxicado, no solo me beneficio, mejorando mi salud; también ilumino a todos los que están a mi alrededor, porque percibirán la energía amorosa que estaré desprendiendo. Si supieras todo el poder que sale de tu corazón, atravesarías cualquier adversidad presente con tal de sentir por un segundo toda la energía que emana de esta gran consciencia. El ejemplo nace de ti; si quieres que el sufrimiento en el mundo desaparezca, haz todo lo posible por brillar hacia los demás, ofreciéndoles todo lo que esté en tu mano para que puedan enriquecer su vida y alcanzar la felicidad.

Recuerda que no hay mejor maestro que la vida misma, porque nos pondrá en situaciones para que se despliegue este potencial. Esta bella virtud que nos permite conectarnos a un nivel muchísimo más profundo de lo que podamos imaginar, donde nacen las auténticas relaciones con una comunicación más rica y embellecedora, expresa la única verdad que nos conecta y nos mantiene unidos. Esta maestría está en todos nosotros: la capacidad de ponernos en la piel de los demás y experimentar todo lo que están sintiendo, sus emociones y sentimientos. Hasta el sufrimiento más demoledor se convierte en la más vívida lección, haciéndonos ver también que el otro lo pasa mal, igual que nosotros. No hay nada diferente en los demás que nosotros no seamos, porque si está en él, también está en mí. Esto lo debemos tener muy claro: debemos saber que todos los seres humanos nos estamos reflejando continuamente lo que hay dentro de nosotros, haciendo de espejo unos con otros. Gracias a esto, terminamos agradeciendo totalmente todo lo que nos muestran y ofrecen, porque, siendo honestos con nosotros mismos, las personas que han pasado por nuestra vida son los mejores compositores para nuestra gran obra, empezando por el perdón.

A continuación, te mostraré algunos pasos que te ayudarán a profundizar en el perdón. Si cada día les prestas atención y los pones en práctica, verás por ti mismo los resultados. Aquí tienes algunos:

1. Cultiva tu propia mente mediante ejercicios como la respiración consciente o meditaciones que te ayuden a mejorar la introspección y los procesos mentales de los que todavía no estás totalmente atento.

2. Practica la paciencia y el respeto hacia ti mismo. Comienza primero contigo y date tiempo para que la propia práctica se vaya integrando.

3. Cada vez que te relaciones con los demás, pon toda tu atención en el momento presente y escúchalos con todo tu corazón. Haz lo posible por ponerte en su lugar para intentar comprender lo que están viviendo y sintiendo.

4. Este paso es el más difícil, pero uno de los más eficientes. Cuando te sientas herido por algo o por alguien, mantén la

calma e intenta buscar la raíz de ese dolor y el porqué se ha producido. Desde una mirada contemplativa, obsérvalo, no lo juzgues y date el tiempo que requiere para procesarlo y transmutarlo.

5. Cada día que te levantes de la cama, haz una observación de las puertas que no has querido abrir y qué resistencias te han llevado a bloquearte. Toma consciencia de lo que no te deja fluir y, cuando lo hayas detectado en ti, aparecerá la llave que te permitirá resolver el conflicto.

Estos recursos, practicándolos a diario y siendo constante, crearán dentro de ti los mecanismos necesarios para que puedas ir tomando resiliencia y espacio, ayudándote a aprender esta gran sabiduría del perdón. Nos regala una parte importante de la introspección necesaria para resolver los conflictos internos y externos que suceden, dándonos una contemplación diferente de los eventos, en los que ya no aparecen como amenazantes, sino como experiencias totalmente ricas y transformadoras. La juventud de hoy día debe permitirse abrirse a un nuevo campo de información que traiga un cambio total y radical en nuestra manera de vernos a nosotros mismos y de sentirnos. Una perspectiva de salud e integridad en la que se valoren los sentimientos humanos como el trato que debemos tenernos a nosotros mismos. No hay suficientes palabras para explicar el grado de bienaventuranza y de paz que trae hacia nuestras vidas esta hermosa puerta del perdón.

De lo que podemos estar seguros es de que, si estamos dispuestos a ver más allá y nos entregamos, el mundo que soñamos en nuestros corazones se revelará ante nuestros ojos en un instante. Solo cambiando nuestra oposición por un abrazo amoroso, confiando y dejándonos guiar por lo que dice nuestro corazón, zarparemos hacia un mundo de infinitas bendiciones. Perdona a los demás, pero primero haz que el amor vuelva a tu vida perdonándote a ti mismo; a partir de ahí, todo se manifestará.

7. La gratitud, el encuentro con la abundancia

Esta palabra tiene un gran potencial del que debemos ser conscientes. No debemos tomarla a la ligera como una más en nuestro diccionario, porque se trata de una de las gemas más importantes en el ámbito de la salud, el éxito económico y nuestras relaciones. Esta mina de oro crea una fuente inagotable de acciones bondadosas y sentimientos que nos nutren, haciéndonos más humanos. Esto aumenta nuestra cercanía, brindándonos cariño, aprecio y permitiéndonos expresar nuestras vivencias y emociones a los demás. La gratitud es uno de los grados más elevados de conciencia, donde la evolución humana se hace presente. Cuando valoramos lo que tenemos y permitimos que el agradecimiento entre en nuestras vidas, inmediatamente aflora algo especial y único. Sin embargo, muchas veces nos escondemos por miedo a ser nosotros mismos, por vergüenza o por temor a lo que puedan pensar de nosotros, o a que se denigre nuestra imagen. Así, no aflora esa unión de plenitud donde surge nuestro enriquecimiento espiritual. Ser una persona que tiene como raíz profunda esta mágica sensación de dar las gracias simplemente por lo que está viendo con sus ojos en cada momento es, sin lugar a dudas, un renacimiento para nuestra especie. Ese animal que nos había atrapado, furioso y rabioso, se convierte en un humano noble y bondadoso. Este recoge la vida no como una autoridad o una obligación, sino como una senda de exploración donde el amor, la sabiduría y el conocimiento van de la mano junto a la prosperidad en las relaciones. Podemos ver que un individuo es más tolerante y está más capacitado para que se produzcan cambios constantes en su vida cuando su corazón está sereno, lleno de armonía y tiene una voluntad indomable para valorar todo lo que le ocurre. Está mucho más preparado para que su vida se llene de un nuevo flujo constante de cambios e incertidumbre que un humano corriente. Con esto quiero decir que te priorices en crear una relación saludable contigo mismo.

Date amor todos los días, dándole las gracias a la gran creación por estar un día más vivo en el planeta Tierra. No te estoy diciendo que seas de la noche a la mañana agradecido con todos, porque esa virtud debe desarrollarse con el paso del tiempo. Desde luego, hay muchos que, por más que reciben y reciben buenos momentos y grandes regalos, nunca se ven totalmente satisfechos. Es como si todo lo que este universo nos entregase fuera insuficiente y siempre hubiese un tormento con el mundo, con todo lo que nos rodea, porque vemos lo que nos entregan y no nos llena. El problema no es lo que hemos recibido, sino el enfoque con el que hemos estado mirando; la postura de cómo nos tomamos las cosas. El conflicto o la angustia no es lo material, sino esa desvinculación que hay entre nosotros y el evento. No podemos estar contentos con lo que nos sucede porque no estamos en equilibrio, en orden entre el dar y recibir constante sin que se interrumpa el flujo de energía. Eso deberíamos tenerlo claro y siempre presente. Pero, ¿por qué surgen tantos problemas? ¿Y por qué nos cuesta tanto agradecer la vida si tenemos todo lo que necesitamos para nuestra evolución?

Si le preguntas a un chico por qué no agradece las adversidades que le ocurren, sin duda la inmensa mayoría te diría que porque son problemas. Al ser vistos como algo malo, la persona se resiste a ello y crea una distancia, oponiéndose y alejándose del recurso indispensable para su crecimiento. Esto se origina porque todos llevamos una consciencia ordinaria, limitada, y saber que todos nacemos con este tipo de desorden es vital si queremos conocer en profundidad los mejores estados mentales que nos llevan hacia una vida plena. Sin embargo, es difícil vivir con este desequilibrio y, por esta misma razón, nos resulta complicado ver qué tiene la vida para ofrecer. Esta visión que se nos presenta en los primeros años de nuestra vida viene como un desconocimiento de nuestro mundo y de las leyes espirituales que lo gobiernan. No entendemos por qué nos suceden ciertos eventos que a otros jamás les ocurren, causándonos confusión y desconcierto. Todo esto no es más que una desconexión de nuestra verdadera naturaleza, y ese desajuste es lo que nos genera este comportamiento reactivo, dejándonos en un estado mental de lucha y huida. La desunión entre mente y corazón es lo que nos produce esta separación, dificultándonos nuestra orientación y, además, nos crea una distorsión en cómo nos vemos, porque no nos damos cuenta de que la vida forma parte de una experiencia única, de un fluir constante y continuado en el que todo muere, renace y es impermanente al cambio; resistirse a ello o intentar modificarlo es inútil, porque oponerse a las leyes inmutables de la vida es solo dar un paso atrás en el camino espiritual.

Hacer hincapié en aspectos que debemos cambiar, como los patrones y creencias limitantes que no nos ofrecen el salto que necesitamos, nos dará una gran ventaja para ir mejorando nuestra salud mental, que al fin y al cabo es nuestro diálogo interno. Muchos de estos bloqueos los tenemos tan arraigados en nuestro subconsciente que ni nos damos cuenta de que los repetimos diariamente. Solo los percibimos cuando ya ha desembocado en una situación muy perturbadora que nos causa un gran impacto, revelándose ante nuestros ojos. Por eso, antes de llegar a tal escenario, la toma de consciencia de querer mejorarnos cada día y que la vida se vuelva más nutritiva debería ser nuestra prioridad. Porque si queremos optar por las grandes excelencias de nuestras capacidades para construir lo que queremos, debemos planteárnoslo agradeciendo la experiencia y siendo fieles en todas las decisiones.

Un estado de paz y sinceridad puede resultar, a primera vista, todo un reto para quien no se lo haya propuesto. Pero si queremos que nuestro jardín interior se vea bonito y crezca fuerte con unas buenas raíces, debemos practicar diariamente y ser perseverantes hacia una mejor versión. Sabemos que cuanto más amor cultivemos en el corazón, mejores relaciones crearemos, generando emociones más positivas y armoniosas. Esas conexiones ya estarán originadas por el nivel excelente de comunicación donde hay agradecimiento en todos los contextos. Por como yo lo siento, no creo que uno deba conocer la gratitud como quien estudia un libro, sino que debe ser reflexionada y meditada por experiencias previas que nos hayan hecho cuestionar todos los esquemas mentales. Por lo tanto, para llegar a sentir agradecimiento, primero debes enfocarte en tus valores y hacer lo posible para que ninguna persona ni el mundo te saque de ti mismo. Ese es tu recurso más preciado: ser uno completo, sin distracciones. Persisto en el hecho de que este sentimiento tan poderoso y potente que nos mueve hacia las grandes obras humanas debe ser una tarea superdisciplinada, porque requiere de una empatía que se sale de los límites de nuestra conciencia animal. Por eso veo que requiere de un trabajo previo introspectivo y profundo en el que la persona se adentra en su vasta riqueza interior. Es ahí donde podemos empezar a vislumbrar esos puros momentos donde la vida cobra un gran sentido, y le damos el valor a lo que nos entrega, incluido el sufrimiento. La renovación constante y evolución de tus virtudes te hará entender el significado de ese sentimiento tan profundo cuando das las gracias por todo. Un estado sereno que nos genera bienestar, aumentando nuestra autoestima y creando nuevas conexiones neuronales que nos ayudan a mejorar la calidad del descanso y a afrontar con ilusión lo que viene.

Todos los que han ido sembrando esta poderosa sensibilidad se ven beneficiados porque llevan a cabo los actos más bondadosos de nuestras cualidades. Por ejemplo, si se encuentran dos personas y a una de ellas se le rompe la lavadora y la otra persona tiene conocimientos sobre cómo repararla, desde la gratitud puede ofrecer ayuda desinteresada. Esto generará un impacto muy grande en cómo se llegará a sentir la persona por ese acto tan generoso, con la intención más pura y sensible. Estas acciones tan elevadas, llenas de un alto amor por los demás, conquistan la química de las relaciones y las mantienen unidas, donde la confianza se potencia y se pone de manifiesto el equilibrio.

Cada vez que pongamos la gratitud en cada acto y mirada, crearemos una unión más fuerte entre nosotros.

Además del trato que nos damos cuando estamos en esta sintonía que ilumina nuestro corazón y nos abre fronteras, los campos neuronales que generamos se vuelven más creativos. Podemos pasar el día realizando una multitud de tareas y, si de verdad estamos en este bendito contacto de gracia, en silencio, donde ningún pensamiento nos agita, puedo asegurarte que las ideas fluyen en abundancia. Cuando menos lo esperas, aparece esa lucecita divina que resuelve cualquier rompecabezas.

Por eso habrás notado que hay personas a las que siempre les va bien, disfrutando de abundancia y prosperidad, mientras que a otras no les va tan bien. ¿Nunca te has preguntado por qué sucede eso? Lo que hay en nuestra mente es un mero reflejo de lo que generamos en la vida y, como esto se puede modificar, considero que nuestro desarrollo psíquico es nuestro primer aliado. Cuando eres tú quien se gobierna, nada ni nadie te detiene. Es una ley universal que sostiene que, si te mantienes enfocado en lo que deseas conseguir, tarde o temprano esa manifestación llegará a ti. Es cuestión de tiempo que se haga realidad ante tus ojos. Solo debes ordenar tus ideas para que el universo pueda comprender, resonar contigo y enviarte las coordenadas precisas para darte ese regalo que deseas.

Se trata de comprender la naturaleza de las cosas y cómo debes conducirte hacia la verdad y la esencia. Ser humilde y valorar lo que tienes y lo que eres, sabiendo que lo que te fue dado es perfecto en el nivel de consciencia en el que te encontrabas. Todo lo que has conseguido y vivido es gracias a lo que has descubierto. Por ello, te ha convertido en quien eres ahora, con una visión más holística y amplia de la realidad. En esta visión, puedes llegar a ver la belleza escondida detrás de lo feo y horrendo. Una arquitectura tan precisamente diseñada en la que te conviertes en protagonista de todo lo que te rodea, donde consideras que lo fundamental es vivir de acuerdo con la coherencia, el amor incondicional, la paz y el respeto. Una excelencia llena de valores totalmente altruistas en la que podemos ver nuestra mayor grandeza, presenciando cómo las conexiones entre personas las hacen más valientes, bondadosas y fuertes.

Ver lo que te incomoda y hacer las paces con ello, entregándoselo al corazón para que se ilumine, es lo que te impulsará a soportar esos momentos difíciles. Estos te ofrecerán una gran lección, viendo al problema como un mentor que te hará profundizar en la enseñanza más bonita: la gratitud. Es un modo de vida donde todo surge sin esfuerzo, donde la lucha no está presente y los inconvenientes se convierten en oportunidades del destino. La meta no es buscar lo material y placentero, sino desprenderse de los viejos roles y creencias que nos mantienen separados, sin lograr conocernos mejor. Este regalo que purifica y clarifica nuestra mente, alegrándonos el alma, debemos expresarlo no solo en nuestro entorno, sino por toda la tierra. ¡Entreguemos esta mina de oro de riqueza expansiva de amor al mundo entero! Esa sería nuestra mayor bendición.

Para que veas hasta dónde puede abarcar esta actitud optimista, a continuación detallo algunos beneficios:

1. La gratitud ilumina nuestra vida, aportando un gran valor a nuestros actos.
2. El agradecimiento nos fortalece en las experiencias difíciles y mejora nuestra confianza.
3. Nos ayuda a vivir en el presente con una mayor capacidad de integración.
4. El ambiente social mejora, favoreciendo la comunicación y la adaptabilidad.
5. La positividad se convierte en nuestro estado natural y aumenta la armonía en las relaciones. Cuando nos mantenemos en un estado óptimo y alegre, creamos un impacto transformador en los demás.
6. Cuando somos agradecidos, evitamos la queja y resolvemos nuestros problemas con una mirada limpia y sin juicio, haciendo que los problemas pierdan su peso y aprendamos de ellos desde la resiliencia.

He mencionado estos beneficios porque son los que más me han resonado al verlos en la práctica. Todas estas recompensas que proporciona esta amplitud de sabiduría te darán la oportunidad de encontrarte con un saber que va más allá del intelecto. Un contacto directo con los principios que gobiernan las leyes de la naturaleza, haciéndonos ver que no solo somos este cuerpo físico y mecánico, sino que nos sostiene una infinita fuerza que nunca decae, manteniéndose siempre vigorosa ante cualquier vicisitud.

Estos aspectos de nuestra alma o de nuestras más altas bondades son los que dan valor a lo que no nos gusta y nos causa rechazo, eso que queremos repeler a toda costa porque nos causa fealdad y ansiedad. Para reconciliarte con sus infinitos frutos, debes integrar la dimensión espiritual en ti; es la que te lleva hacia lo divino. Junto a este espacio sagrado, la práctica diaria de la gratitud es un estilo de vida que te lleva a renovarte constantemente.

Todo se basa en que te vayas alineando, dando pasos y echando raíces en el despliegue de tu camino álmico. La personalidad que nos acompaña debe ser trabajada y conquistada diariamente para que no termine siendo un estorbo y te boicotee. Constrúyete una buena disciplina diaria para que puedas profundizar en lo bonito que es volver a vivir cada día con un nuevo amanecer. Recuerda siempre que hay alquimia en ti para echar el vuelo hacia los grandes potenciadores de tu brillante espíritu, en el que puedes transmutar cualquier elemento mediante oraciones, meditaciones o mantras, reprogramándote mediante ese ímpetu creador de agradecimiento infinito. De hecho, hay muchas personas que practican la gratitud como un modo de vida, procurando recordar todas las cosas buenas que les han sucedido, valorando por lo que han pasado, para así enfrentar los problemas con una mejor disposición.

A todos nos llegará la hora de irnos algún día del planeta y nos gustaría haber disfrutado de la vida al máximo. Pero ¿qué es disfrutar si no sabemos dónde se halla esa cualidad? ¿Sabemos apreciar la vida de verdad? ¿Estamos contentos con ella? ¿O nos falta realmente estar más conectados a ese elemento esencial que le da sentido y significado especial, llenándola de magia? Esa pureza que surge tan natural como una danza cuando no tenemos nada que perder amando, respetando y compartiendo.

Te invito a que bucees en ti porque en todos se presenta esta luz tan potente y, aunque no puedas verla, tarde o temprano podrás captarla. Esta nueva cualidad de éxtasis la descubrirás a medida que te propongas saltar esos límites de tu yo adquirido. Por ejemplo, aquella persona que no colabora con los demás ni consigo misma, dejando a un lado el amor. Por consiguiente, siendo esta una conducta incompleta que no le impulsa a crecer en los valores mencionados anteriormente, para cambiar nuestro paradigma es esencial no dejarse engañar y ser honestos lo más que podamos. Esto nos dirige hacia una conciencia más evolucionada. Es una capacidad que tenemos de poder elegir cómo queremos trazar nuestros movimientos hacia una opulencia compasiva en estados elevados de sabiduría y conocimiento que nos hagan ascender e interactuar entre nosotros desde una visión integral. Para ello, se necesita ese permiso que solo tú tienes. Está en tus manos esa llave que abre las puertas que permanecen cerradas a esa oportunidad de la que te hablo, y solo tú conoces dónde están. Siempre has sabido por qué están selladas y solo se debe a que estás mirando al lugar equivocado. Tú puedes romper el maleficio, tienes ese don para restaurar lo que se perdió en un momento, sembrando algo diferente. Lo puedes hacer desde un plano distinto, de dar y recibir a todos los elementos que vienen a ti, sintiendo ese gran abrazo cósmico por la existencia. Dicho esto, hay una frase que me gustaría compartir contigo: «El marinero que ha navegado por el mar y todavía no ha encontrado la tierra que esperaba, no debe rendirse». Por no haberla encontrado, no significa que no exista. Estas palabras te ayudarán a no darte por vencido y a seguir explorando esos infinitos mundos desconocidos. Esto contribuirá a que no te consideres un producto terminado y puedas crear lo que te mereces.

Este magnífico arte de vivir en las más altas cualidades humanas nos brindará el fruto de un equilibrio sin límites y una templanza inigualable. Para ello, me gustaría compartir contigo algunos ejercicios que me han servido. Ten en cuenta que donde más notarás su eficacia es en los momentos difíciles, aquellos en los que serás puesto a prueba.

Ahí es cuando se reflejará tu capacidad para asimilar y estar dispuesto a desarrollar el agradecimiento hasta en el más mínimo detalle.

Es un desarrollo en el que rompemos nuestras fronteras más arcaicas para adentrarnos en un nuevo panorama donde el corazón se hace presente y refuerza nuestros estados mentales positivos. Aquí te muestro algunos pasos:

1. Cuando te levantes, respira, abre la ventana y observa todo lo nuevo que trae el día. Aunque sientas que el día se repite, no alimentes ese pensamiento y vuelve a conectarte con el presente, donde se encuentra tu cuerpo. Desde ahí, te será más fácil adoptar una postura de unión con los demás y estarás más dispuesto a enfrentar lo que te incomoda.

2. Cuando alguien te hiera y sientas el impulso de responder reactivamente, detente y da un paso atrás. No asumas el papel de víctima; respira profundamente unos segundos. Cuando te sientas tranquilo y desidentificado de la situación, agradécele por lo que te está enseñando y expresa tus sentimientos de manera sosegada y empática.

3. Dedica un tiempo cada día a reflexionar sobre los acontecimientos que te han sucedido, lo que te han aportado, las personas que han pasado por tu vida y, sobre todo, los malos momentos, porque siempre dejan huella.

4. Todos, en algún momento, nos vemos sobrepasados por alguna desdicha, y no por ello somos menos en algo. Reconocer nuestras debilidades y dar las gracias ya es una actitud heroica que nos conduce a lo más alto, lo puro y conquistable. A eso que queremos expresar y no podemos. Por lo tanto, aceptar lo que perturba, esclarece.

5. Practica cada día la gratitud desde que te levantes hasta que te acuestes y comparte el sentimiento con todos los que te rodean.

6. Date tiempo para ti y ve a lugares donde sea más fácil conectar contigo mismo, como la naturaleza.

7. Haz una lista de detalles que te hayan molestado, obsérvalos detenidamente y busca la raíz del suceso. Sitúate en la neutralidad del evento y, desde ahí, acoge la enseñanza.

8. Respeta a los demás y trátalos con amor. Los actos de bondad sanan y siempre iluminan nuestros momentos más oscuros.

Todo lo mencionado en este capítulo es una oportunidad para convertir lo que pesa en algo ligero, útil y provechoso, dándole un sentido y un propósito que te ayudará no solo a amarte más, sino a conocerte mejor. Esta nueva dinámica en cómo vivimos las experiencias te reflejará los valores esenciales: la sencillez, la nobleza y la humildad, donde la sustancia, ese elemento común en todos nosotros (el ser que habita en nuestro corazón), se hace presente, forjando una calidad humana sin límites.

8. Suelta y confía: ríndete a la vida consciente

Durante el transcurso de este libro, hemos hablado de las gemas que nos proporcionan un sustento para salir y romper nuestros comportamientos mecánicos, adheridos a esa personalidad limitada por nuestras creencias y condicionamientos mentales. Un camino que nos lleva a reconocer lo que debemos devolver a la luz de la consciencia para transformarnos en una mejor versión, en ese héroe que todos llevamos dentro. Este es nuestro objetivo prioritario, y aunque pueda parecer complicado, debemos encender todos nuestros motores si queremos traspasar las barreras que nos impiden alcanzar la verdad. Pero antes que nada, ¿cómo podemos cruzar estas fronteras que nos mantienen encerrados si no conseguimos soltar y confiar?

El problema principal es que no permitimos que la vida sea nuestra maestra, que nos provea de lo necesario para recomponernos y conocernos. Creemos que debemos saberlo todo para comenzar a actuar; de lo contrario, lo evitamos a toda costa por miedo, lo que nos moldea en esa esfera intelectual. Cuando no tenemos la certeza y la convicción de lo que hay más allá de los límites establecidos, no tomamos la iniciativa de descubrir y explorar, ya que la incertidumbre de lo desconocido nos abruma y no conseguimos vislumbrar lo que el mundo tiene para ofrecernos. Esto ha impedido que el ser humano comprenda qué sucede dentro de sí mismo, ya que no alcanza un conocimiento absoluto del terreno en el que se adentra. Se ha acostumbrado a tomar decisiones basadas en conceptos previos, alejándose de la verdadera realidad al identificarse con la estructura del mundo. Un modelo a seguir que somete nuestra vida a resistirnos a lo nuevo y diferente, a no estar dispuestos a que se produzcan cambios. Esta postura impide que los recursos lleguen a nosotros porque no hemos aprendido a creer en nosotros mismos, a dejar que todo se ordene mediante el curso natural de las cosas. Por lo tanto, si nos oponemos a la vida, atraemos más desconfianza, reforzando nuestro ego e impidiéndonos avanzar. Y si nos negamos a cooperar con ella, no desplegaremos el conocimiento que hay más allá de ese terreno aún por experimentar.

Hace dos mil quinientos años, un filósofo chino llamado Lao Tse comprendió las leyes naturales para vivir en perfecta armonía con el universo. Alcanzó la sabiduría, a la cual llamó el Tao, que le llevó a obtener un conocimiento superior de las fuerzas que gobernaban al hombre. Sabía que las personas podían vivir conectadas a un principio natural que nos lleva hacia la armonía con la naturaleza. Este orden se basaba en una actitud de fluir con la vida mediante la no acción. Su visión consistía en no controlar las cosas y dejar que sigan su propio ritmo y proceso. Comprendía que los conflictos surgían por la resistencia que teníamos hacia la energía, lo que provocaba bloqueos en este orden universal. Así que este sabio nos invita a soltar y confiar en nuestro corazón, más allá del resultado. Concluyó que la forma más adecuada de enfrentar una situación es no actuar, sin forzar, dejando que todo se despliegue por sí mismo. Esto nos conduce a un ángulo completamente diferente, en el que lo importante no es lo que vaya a producirse, sino vivir libres, sin ataduras. Esta actitud natural de hacer las cosas implica un crecimiento interior sin esfuerzo, alineándonos con los principios espirituales. Además, nos muestra que todo lo que nos sucede y pueda pasar está bien, que no tenemos que cambiar el resultado. Verlo como una experiencia enriquecedora. Este camino nos ofrece una manera de encarar el horizonte de adversidades desde la tolerancia, como el bambú que puede aguantar el rozamiento del viento por su flexibilidad sin quebrarse.

Este fluir, frente a la vieja actitud de lucha por resolver las vicisitudes, nos permite adentrarnos en un campo que sobrepasa todo el sistema idiosincrático, donde las creencias dominantes tienden a perder la fuerza que nos sometía. El poder que tenía toda esta estructura se descompone y se abre el camino donde el caminante se convierte en observador de sí mismo y del mundo que le rodea. Este talante nos lleva a captar que todo cambia y se transforma, que las cosas tienen un principio y un final. Nada es eterno, ni los buenos ni los malos momentos. Sabiendo esto, nos llena de alegría que nada es para siempre, como el malestar y el sufrimiento. Ser conscientes de esto nos abre la ventana hacia el terreno de una nueva dimensión desconocida por explorar, donde todo nace, crece y muere. Por lo tanto, es importante darse cuenta de que nuestros pensamientos y sentimientos también son pasajeros y tienen una duración. Conociendo esto, podemos estar más tranquilos con ese mundo emocional que nos abruma, porque sabemos que tiende a moverse y cambiar. Desde esta mentalidad, podemos respirar tranquilamente, sabiendo que al día siguiente nos sentiremos diferentes y podemos estar mejor, con más energía. Esto nos da la oportunidad de fluir en nuestros estados anímicos sin bloquearnos ni reprimir ese cauce de energía interior, sin quedarnos anclados. A esta práctica se le ha llamado *mindfulness* o atención plena, en la que nuestro objetivo es convertirnos en ese testigo que puede verse desde adentro y afuera, sin querer ni tener la intención de modificar nada de lo que le rodea ni de sí mismo. A medida que practiques este arte en tu día a día, comenzarás a darte cuenta de que el malestar por el que estabas pasando se debía a que te resistías a este flujo de energía natural.

Hay muchas técnicas para desarrollarnos interiormente que nos permiten vivir de manera más consciente y equilibrada. Estas técnicas nos ayudan a estar más despiertos y a darnos cuenta de que hemos creado una identidad basada en nuestras experiencias. Esta identidad ha originado un «yo» que nos distorsiona y aleja de nuestra esencia, haciéndonos creer que esta construcción nos define para siempre. Así, somos pensados y sentidos por la vida, en lugar de ser guiados por ella.

Para desmantelar esta función teatral que hemos construido, la práctica de la atención plena o el tao mediante la no acción nos ayuda a penetrar y trascender las estructuras que nos limitan. Estas prácticas actúan como trampolines que nos impulsan hacia espacios donde el pensamiento se ausenta. En estas atmósferas, el ruido mental se ralentiza, creando un margen para explorar un territorio nuevo. Esto nos lleva a superar las barreras de nuestras creencias fortificadas, las murallas creadas por nuestro yo egoico. Esta distancia del pensamiento nos permite desidentificarnos de lo que nos sucede, facilitando nuestra adaptación al cambio.

Gracias a esta nueva forma de relacionarnos con lo que observamos, podemos crear una perspectiva más amplia y comprensiva. En esta perspectiva surgen nuevas oportunidades para que se manifieste el ser, la entidad metafísica. Si adoptamos esta filosofía y la integramos en nuestra rutina, descubriremos que todo se vuelve más fácil y llevadero. Cuanto más lo practiques, más notarás que habitas dos mundos completamente diferentes: uno que corre detrás de la zanahoria a toda prisa y otro al que accedes, donde lo principal no es lo que consigues, sino conectar con la esencia de la experiencia, con nuestro yo más profundo.

Al principio puede ser un poco difícil, ya que somos animales de costumbres, pero con persistencia, nuestros sentidos se agudizarán y los detalles se volverán más ricos en profundidad. Disfrutarás de cada inhalación y exhalación que se produce en tu cuerpo, porque estarás tranquilo; a su vez, se producirá un intercambio de información entre todo lo existente y el sentir de tu corazón. Esto te conectará a planos superiores donde podrás contemplar la magia de la vida. Al desplegar tus alas y depositar tu confianza en ella, se abrirán las puertas de la comprensión, permitiéndote acceder a nuevos rincones de conocimiento que desconocías y que te servirán de apoyo en la vida cotidiana. Estos espacios, siempre por explorar, llenan nuestro espíritu de misterio e impulso emocional, llevándonos a encontrar las llaves que nos elevan hacia mundos superiores, aquellos lugares donde algunos creen que se encuentran después de la muerte.

La sabiduría oriental, desde hace mucho tiempo, se ha dedicado a estudiar la mente humana y ha descubierto que el ser humano vive en una consciencia limitada que le impide alcanzar su máximo desarrollo. Buda se dio cuenta de que esta consciencia está cubierta por un velo que nos impide trascender, y que la mente tiende a oscilar entre el pasado y el futuro, creando una atmósfera de lamentación y ansiedad. Se percató de que somos como un mono loco, nunca satisfecho, siempre de un lado a otro sin encontrar lo que busca para saciarse. Esta mecánica disfuncional nos arrastra por nuestras pasiones y deseos, haciéndonos perder el sentido del orden y del cosmos. Esto sucede porque nuestra consciencia está atada al mundo material, que forma parte de nuestros sentidos físicos, los cuales nos engañan haciéndonos creer que lo que vemos, tocamos y saboreamos es la realidad que conforma nuestro yo, oscureciendo lo que realmente somos.

Para liberarnos, debemos acceder a una comprensión más profunda de la naturaleza de la realidad, que se encuentra en una consciencia más evolucionada. Para acercarnos a su bello resplandor, debemos desapegarnos de las cosas y de nuestras intencionalidades, desligándonos de la acción y manteniéndonos en el sosiego. Lo mejor es mantener una distancia con los pensamientos y sentimientos que siempre circulan por la mente, siendo conscientes de que tienden a llevarnos de un lado a otro, haciéndonos perder el único momento más importante donde podemos ser libres y tener un contacto directo y lúcido con nosotros mismos: el presente. Es ahí donde podemos crear, imaginar y sentir, donde la vida cobra sentido porque volvemos a conectarnos con nuestro aliento interno, nuestra respiración, que nos hace regresar a nuestro hogar, el aquí y el ahora.

Convirtiéndote en dueño de ti mismo, podrás decidir romper las capas que te impiden soltarte hacia el proceso. La vida siempre te observa e intenta abrazarte para ver si colaboras con ella. Una escucha, un latido compasivo y una entrega total sin juicios te darán esa caricia que ansías en tu corazón. Esto nos invita a profundizar en la esencia creadora y, a su vez, a quitarnos las telarañas que nos hemos impuesto, impidiéndonos acercarnos a la verdad. Dar el paso hacia la libertad y dejar que el viento nos lleve hace que el espíritu cobre luz y se ponga en acción para amar, perdonar y dejar que la vida se encargue del ritmo de los acontecimientos. Esto es sanador y liberador para todos los seres, porque el yo que nos condiciona va perdiendo fuerza y renace uno nuevo, más integrado y consciente de lo que le rodea.

En toda búsqueda, siento que intentamos encontrar aquello que da el elixir a los momentos que vivimos, haciendo que la vida adquiera color y profundidad. Esta danza espiritual del fluir natural nos llama a expandir nuestras capacidades, aceptando los desafíos con confianza, entereza y paz absoluta. Es un don que reside en nosotros: permanecer presentes, ser y estar vivos a cada minuto, disfrutando y compartiendo con los demás la magia de la vida. Esto nos lleva al encuentro con nuestra presencia, el hogar donde reside la energía más pura y bella, que todo lo transforma, lo alinea y lo lleva de vuelta al origen.

En el libro del *Tao Te Ching* de Lao Tse, podemos ver que expresa una sabiduría perenne, un conjunto universal de principios y valores comunes en muchos pueblos y culturas del pasado. Es una filosofía admirada por maestros espirituales, pensadores e incluso científicos de todo el mundo. Estas enseñanzas que el maestro dejó escritas en su tiempo pueden aplicarse en nuestra vida diaria, devolviéndonos el sentido y encaminándonos hacia el corazón, ese secreto que nos permite vivir sencilla y felizmente en la espontaneidad, cultivando nuestro mayor tesoro: el amor.

Aquí te dejo algunos ejercicios que te ayudarán a calmar la mente y a conectar con lo único que existe y no debes abandonar: el aquí y ahora.

1. Enfoca toda tu atención en la respiración durante un minuto. Céntrate en el sonido y en el ritmo de la corriente de oxígeno que entra y sale de tu cuerpo, inspirando por la nariz y espirando por la boca. Esto ayudará a que los pensamientos pierdan su fuerza, dándote claridad mental para poner las cosas en orden. Si notas que te has vuelto a apegar a tus emociones o te has distraído, vuelve a prestar atención a la respiración. Úsalo todas las veces que necesites para recuperar un mejor estado de lucidez.

2. Esta es una de mis preferidas y, para mí, la mejor. Desde que te levantes hasta que te acuestes, en todas las actividades que realices durante el día, haz todo lo posible por centrar toda tu intención en tus sensaciones y sentidos. Por ejemplo, al escuchar música o al hacer ejercicio físico, mantente enfocado en el presente, disfrutando de lo que haces. Si tu mente se aleja, no te preocupes; date cuenta y vuelve al momento presente, sigue sintiendo la experiencia.

3. Dedícate a simplemente observar lo que vives diariamente desde una mirada limpia, sin juicios, como si estuvieras viendo una película y la disfrutaras como un niño. Observa cómo pasan los pensamientos y sentimientos sin querer cambiar nada; solo mantente ahí, en presencia.

4. El control nos hace dependientes y esclavos. Asimismo, nuestros niveles de estrés y ansiedad aumentan, llegando incluso a enfermarnos. Al abandonarlo, la falta de control te ofrecerá una plenitud sin límites; estarás más abierto a recibir los cambios y en mejor disposición de adoptar una actitud resolutiva.

Permite que entre lo que no te gusta y purifícalo, dejando que tu interior se comunique contigo. No trates de resistirte; solo entrégate al proceso desde el alma y ponle lo más importante: corazón.

9. El silencio, el hogar de Dios

Este título que acabo de escribir lo he sentido como una invocación desde otra realidad completamente diferente, una que no se encuentra en esta realidad física en la que vivimos, el mundo ordinario y sensible. Todavía me pregunto cómo es posible que exista este espacio de ausencia de sonido, completamente distinto al famoso ruido al que estamos acostumbrados. Esos atascos repletos de tráfico, donde lo habitual es tocar la bocina y añadir quejas sin sentido, o enfadarse cuando alguien no te cede el paso de peatones.

Vivimos en una sociedad donde constantemente estamos bombardeados por factores externos, como las noticias y los impuestos. Hasta nuestro vecino de al lado, puerta con puerta, puede ser nuestro mayor problema, el que nos saca de nuestras casillas y nos machaca mentalmente. Siendo conscientes de esto, veremos que se trata de otro tipo de ruido no físico y más perturbador: el mental.

Si nos detenemos un poco a pensar, veremos que el mundo en el que vivimos está construido de forma confusa e incoherente. Estamos viviendo una película de terror en un estado elevadísimo de tensiones y estrés desmesurado, donde la muerte se avecina en primera línea desde un clic o disparo de alguna arma. Un «sálvese quien pueda» donde cada individuo vive completamente apartado del resto, desconectado de su naturaleza y apegado totalmente a su lado más animal. Una obra de teatro orquestada desde el conflicto mental y la distracción, creada para impulsar el ego y el narcisismo en nuestras vidas. Esto es lo que genera la gran perturbación mental y, cuando nos damos cuenta, ya es demasiado tarde y acabamos cruzando la línea que divide la vida y la muerte.

La perspectiva me dice que el mundo no es responsable de nuestros actos, pero sí tiende a influenciarnos de manera muy negativa porque los pilares en que se basa esta sociedad son el tener y estar por encima del otro: el ego. Además, si nos fijamos con mucho más detalle, veremos que la sociedad está construida para fomentar la evitación de la responsabilidad y aumentar el deseo compulsivo neurótico en el que yo siempre tengo que ganar y ser el mejor en todo. Este modelo va en contra de todos los principios humanos porque, en vez de impulsarlo hacia la libertad, lo que hace es condenarlo y esclavizarlo en el sufrimiento. Por lo tanto, todo esto ha creado un ruido muy estrepitoso en nuestra mente colectiva inconsciente. Nos levantamos de la cama y, cuando nos vamos a acostar, todavía siguen los mismos pensamientos rugiendo, llegando incluso a provocarnos dolores de cabeza. Nos hemos vuelto una sociedad que va en piloto automático, sin cuestionarse lo que hace y movida por sus impulsos más básicos, donde el miedo está en primera línea. Esta perturbación de la mente nos lleva a estar saltando de un lado para otro, intensificando el malestar y produciéndonos un gran desajuste en nuestra manera de pensar. Además de tener una disfunción en lo que creemos, sentimos, pensamos y hacemos, nos lleva hacia un tormento de emociones negativas y atolladeros desproporcionados de los que nos es muy difícil salir. Teniendo en cuenta que este tipo de pensamientos discordantes y acelerados nos envejece más rápido y nos provoca la mayoría de las enfermedades graves que no podemos imaginar, una cosa debemos tener clara: nuestra mente debe parar porque el ritmo que lleva es completamente destructivo e inhumano. Primeramente, deberíamos darnos cuenta de que nuestra mente es el primer factor esencial y más importante que tenemos porque es la herramienta para recibir información y procesarla; es como una computadora que almacena datos, los ordena y los transfiere en múltiples niveles. Por lo tanto, si esta máquina está bloqueada o hay cortocircuitos, dejaremos de procesar la vida adecuadamente y estaríamos viviendo nuestras propias programaciones mentales, totalmente inmersos en el ruido y la desesperación.

Esta sociedad, llamada «la que va a toda prisa», no perdona el fallo y tampoco se toma ninguna paciencia, ningún respiro. Esto es, sin duda, una de las peores calamidades que termina por crear situaciones conflictivas en una gran extensión por todos los rincones del mundo. El ser humano se siente ahogado, no encuentra el rumbo ni nada que lo pueda sostener porque se ve en la rutina, sin ningún objetivo y propósito en mente. Piensa que el único fin es tener un sueldo, conquistar el bien material, crear una familia y así posiblemente llegar a sentirse bien porque es lo que le dijeron que era la vida. Construir algo que no sabemos si sentimos que debamos hacerlo, pero lo terminamos haciendo porque parece que es el bien común. Es el comienzo de la decadencia y el infierno. Esto lleva a que las relaciones humanas se retroalimenten constantemente mediante estados mentales negativos, dando lugar a que las reacciones compulsivas estén a la vuelta de la esquina, propiciando el apego, la aversión y la arrogancia. Es, sin lugar a dudas, un mal sabor de boca difícil de digerir y de resolver.

La prisión del ser humano no es una celda física, es su propia mente, que está gobernada absolutamente por pensamientos y pasiones, manteniéndolo perturbado y amenazado, siendo incapaz de orientarse y mucho menos centrarse. El problema que tenemos es que nos hemos acostumbrado a esta manera de vivir en la que cualquier cosa la queremos al momento, convirtiéndonos en una sociedad placentera, cómoda, estancada y perdida, donde los valores han quedado completamente olvidados. Pero, aunque nos cueste creerlo, todo está transformándose. Más allá de este modelo a seguir, donde se pone en primer lugar la apariencia y el materialismo, existe un orden superior en el que el ser humano percibe que algo está cambiando dentro de sí mismo. Es como si los planetas se estuvieran organizando de una determinada manera y, como por arte de magia, nos estuvieran ofreciendo sentido, coherencia y consciencia.

El año 2012 fue un año que generó gran curiosidad para la mayoría de las personas porque había numerosas profecías, como la de los mayas, que apuntaban al final del mundo. Muchos estaban nerviosos por lo que iba a pasar y al final vieron que el mundo no se acabó. Todo continuaba igual: los parques estaban intactos, las carreteras seguían manteniendo la conducción automovilística y los niños seguían yendo a la escuela tranquilamente. Sin embargo, hubo algo que sí sucedió: muchísimas personas empezaron a notar profundos cambios en su modo de pensar y en su conciencia de cómo veían el mundo. En lugar de haber sido un cataclismo, se convirtió en el final de una era, dando lugar a la oportunidad del desarrollo espiritual, una puerta accesible donde podríamos encontrar los profundos significados de nosotros mismos. Esto dejó una huella importante porque empezaron a cuestionarse los valores, la cultura y las creencias que sostenían el sistema de la sociedad. Esto hizo que se produjera un auge de crecimiento interior. Fue un inicio con una nueva mirada de cambio en la percepción del mundo y de las ideas, con un enfoque de mayor responsabilidad con el medioambiente y el planeta. Todo estaba ya escrito. Numerosas tradiciones en el pasado, como los Vedas, también se acercaron a esta cosmovisión. En ella desvelaron que se avecinaría una transformación humana y la ruptura del viejo paradigma de cómo creíamos que era la vida. Se desmantelaría la trampa y el engaño, y el ser humano accedería a una nueva información, a los planos sutiles de consciencia donde la libertad se vería reflejada en todas las áreas de su vida.

Tomando como referencia este ciclo que comenzó hace unos años, el cual nos está beneficiando, solo se nos pide una cosa: que permitamos el cambio hacia este nuevo ser, esta dimensión mágica que siempre nos mantendrá vivos ante cualquier ruptura que haya en nosotros. Solo debes permitir abrirte hacia la luz, a ti mismo, al amor. Este campo cuántico está disponible para ti, para que puedas hacer uso de él cuando quieras y lo necesites. Si aún no lo has percibido, no te preocupes. Eso quiere decir que aún debes ir dando pequeños pasos e ir abriendo la conciencia. Esta es la que te va a permitir entrar en estos campos de información donde podrás hallar las herramientas, el conocimiento y la sabiduría para aplicarlos a tu vida diaria. Así podrás desarrollarte como un ser humano libre, consciente de sí mismo, atento y guiado por la fuerza energética que te acompaña: el alma.

Recuerda que no hay nada que no puedas lograr siempre que estés dispuesto a enfrentarte al ruido, a la distorsión diaria penetrante y confusa.

No se trata de luchar contra ella, ni de resistirse o crear oposición, sino más bien de ver cómo funciona su juego.

Si te das cuenta de que te distraes y el ruido te arrastra, no temas, porque el truco está en reconocer que no has sido consciente. Así, esta distracción se convierte en tu mayor maestro, permitiéndote aprender todos los pasos que te guían hacia tu interior. El silencio profundo se encuentra más allá de esa mente quejumbrosa y arrogante que siempre intenta inquietarnos y no nos deja estar en paz. Lo mejor, y donde he visto resultados significativos, es dejarte llevar por la vida con una actitud de entrega hacia el presente, sin querer cambiarlo ni evitarlo, aceptándolo como un medio de evolución constante. Ahí está la gema brillante donde todos podemos reconocernos como dioses en la tierra, revelando nuevos caminos que nos conducen hacia un nuevo amanecer de consciencia.

Debemos tener en cuenta que, si queremos sintonizarnos con esta nueva señal, debemos alimentar lo nuevo que deseamos. Si quiero ser más ecuánime en mis decisiones, debo cuidar lo que siento, pienso, hago y digo. Además, debo mantener una coherencia que me permita estar en equilibrio sin tambalearme. Lo esencial es enfocarnos en lo que nos hace sentir bien y nos proporciona paz interior, tanto para mí como para quienes me rodean. Si estoy feliz y radiante, los demás se sentirán igual, captarán la onda y los envolverá esa frecuencia. Así pues, todo lo que llevamos dentro se manifiesta afuera, y las personas a tu alrededor lo percibirán.

El potencial se encuentra en el espacio que te das a ti mismo, en ese momento en el que respiras y conectas con tu ser. Es ahí donde puedes recibir información directa de tus guías y llevarla al plano físico. Si aún no has identificado esta fuerza que se esconde detrás de tu piel, propóntelo cada día: medita, visualiza y date tiempo para ti, para recibir de ti mismo la paz y el equilibrio que yace en tu interior. Lo primero es ser consciente de que somos más que un cuerpo físico y que dependemos de un crecimiento interior que nos conduce a percibir una energía que está más allá de la mente egoica. Esta fuente podemos empezar a apreciarla cuando somos capaces de permanecer en el momento presente, aunque sea por una milésima de segundo. Sin embargo, para reconducirnos con facilidad, es vital conectar con el trampolín que nos lleva hacia este poder energético que emana de nuestra alma: el silencio. Es lo más esencial y, para que se produzca en nosotros, debemos primero respetarnos y darnos el valor suficiente para detenernos y desear que se manifieste un cambio. Debo ser totalmente sincero, honesto ante lo que esté pasando por mi mente, tener la capacidad de mirarme a mí mismo a los ojos y modificar lo que perturba mi existencia. Este es uno de los pasos más importantes: plantarnos cara a cara y ser como el científico que observa el experimento que está siendo estudiado a fondo. Si vemos que hay fallas, lo lógico es buscar el remedio que transforme el problema en algo valioso. Por ejemplo, si creo que no puedo o me es imposible acallar la mente, debo retarme y observar el escenario con todos sus detalles sin resistirme. Me pongo frente al problema, amplío la perspectiva dando un paso atrás y actúo desde el sosiego, fortaleciendo poco a poco la confianza y la fe en mí mismo de que puedo solucionar mi vida y llevarla al siguiente nivel. En fin, todo está en uno mismo y lo único que debemos aprender es a encontrar el manantial de recursos ilimitados que nos ofrece el alma. Despertarla es nuestra misión, nuestro camino, y para eso hemos venido: para ir recordando mediante el tropiezo y el avance en un proceso que nunca tiene fin, porque el alma está aquí en evolución infinita.

Al tomar esta consciencia como pilar fundamental y comprender que el silencio es lo que me lleva hacia ella, solo debo anclarme y poner en primer plano mi mundo interior, el ser. Visualizarlo y subrayar qué es lo que me está desconectando de mí mismo, llevándome hacia hábitos perjudiciales, conductas repetitivas, manteniéndome en una dependencia constante, las adicciones y los apegos, teniéndome enjaulado en un juego del que al final se me hace difícil salir. Todos estos mecanismos debo ponerlos por escrito o meditar sobre ellos para sacarlos a la luz de la consciencia. De igual modo, debo darles espacio mediante la escucha interna, una pausa de respiraciones conscientes o un momento de introspección. Esto me ayudará a desdibujarlos para aclararlos y hacer que pierdan su fuerza ruidosa, evitando que me desvíen de mis proyectos y propósitos. Esta ausencia de contenido distrayente (pensamientos repetitivos, deseos o la excesiva autocrítica) te permitirá desplegar la posibilidad de que entren sentimientos y situaciones que te enriquezcan y transformen. Cuando un vaso está lleno de alguna sustancia que no te gusta (pensamientos incoherentes, hábitos perjudiciales y patrones) y lo vacías, permites que el contenido del vaso cambie y puedas incorporar otro tipo de elemento (amor, aceptación, resiliencia, gratitud). De esta forma, estamos modificando lo que hay en el interior, y eso es lo prioritario que debemos hacer. Ahora bien, mientras nos desarrollamos interiormente, también debo ser consciente de que está el proceso de los demás, de que los otros también están en el camino y debemos dejar que la vida sea su propio maestro. Este es el que más nos cuesta dejar ir y es el que a veces tendemos a forzar, a querer cambiar o hacerles entrar en razón, porque queremos que perciban lo que nosotros estamos captando y lo que hemos aprendido en nuestro viaje. Esta acción es una pérdida de tiempo porque cada uno se halla en un nivel de consciencia o, para que me puedas entender mejor, cuando compartes un tema y la otra persona no te comprende o está en contra de lo que estás diciendo, significa que no está en tu estado de consciencia. Esto demuestra que cada uno está en un diferente estado y no anda en la misma vibración. De manera semejante, sucede cuando te encuentras con personas y sientes que no conectas con ellas. El significado es que vivimos en un mundo rodeado de frecuencias y energía por el que nos movemos y sintonizamos con las que están a nuestro alcance, en la misma onda. Recibimos y emitimos vibraciones a todos los seres humanos mientras nos empapamos de numerosos maestros que vienen a enseñarnos, mostrándonos su sabiduría. Aquello que todavía no hemos visto y que debemos prestar atención. Nosotros hemos venido a la tierra a vivir una experiencia y a compartir con cada ser humano lo que transitamos, aprendiendo de nuestros errores. Considero que el maestro se va haciendo poco a poco y la vida está llena de piedras que nos van mostrando el camino, el sendero del alma, de la coherencia y la rectitud. Mi recomendación es que dejemos a los demás continuar su proceso desde el amor incondicional y el respeto, y solo desde ahí será posible una transformación inimaginable.

Aprovecha las oportunidades y da el salto hacia lo místico; es ahí donde nace la magia a través del enriquecimiento de nuestro ser. Por cada fracaso y victoria nos llenamos de alegría, volviendo a dar el pequeño empujón que nos vuelve a sintonizar con nuestra pureza, renaciendo una vez más. Una nueva manera de conquistarnos y de estar en el mundo que nos envuelve en un sentimiento mucho más poderoso y unificador que antes. Ampliando cada día nuestro brillo y poniendo el foco en lo importante, donde la responsabilidad se hace presente y se construye la vida con valor, virtud y bondad. Este es el momento; no esperes más y despliega las alas hacia tu verdadera libertad, y el silencio sagrado se revelará ante ti, guiándote hacia tu hogar, la morada de la paz eterna.

10. Cultiva la inteligencia emocional

Hemos explorado numerosas estrategias para abordar el camino espiritual y llevarlo hacia planos elevados. Además, integramos todas las experiencias que vienen a desafiarnos y a ponernos en un juego en el que se desatan una infinidad de sucesos para hacernos comprender que somos dueños de nuestra propia vida. Un fogonazo de luz para hacernos ver qué es lo que debemos observar para transmutarlo y que no nos pese más. Aligerar esa carga tan pesada que solemos traer en la parte inconsciente de nosotros. Una herramienta muy buena porque reprograma al individuo y lo hace más fluido y abierto a las experiencias humanas que hacen de él cualidades preciosas y mágicas, un desarrollo potente y esclarecedor en su conciencia.

Pero antes de poder relacionarnos así, debemos tener clara una cosa: no podemos comprender el mundo que nos rodea si no conseguimos saber qué es lo que ocurre a nivel energético.

Las reacciones que se producen en nuestro interior a menudo resultan difíciles de comprender. Darles prioridad y conocer el mundo emocional no es sencillo. Este se compone de un conjunto infinito de sensaciones, de las cuales, en la mayoría de las ocasiones, no somos conscientes. Por ejemplo, en el caso de las parejas, si se les preguntara qué sienten el uno por el otro, responderían basándose en la etiqueta que han asignado a esa emoción.

Sin embargo, no existen solo siete emociones principales, como la alegría, el miedo o la tristeza. Hay un sinfín de ellas, y el campo emocional es amplio y vasto, lleno de aspectos por comprender.

Cuando éramos niños y asistíamos al colegio, absorbíamos mucha información que luego dejamos atrás y que nunca utilizamos en nuestra vida diaria. Considero que el sistema educativo debería transformarse por completo. Debería reconstruirse, priorizando el desarrollo interno del niño. Por ejemplo, si en el colegio se enseñara a entender nuestras reacciones emocionales ante los cambios y las circunstancias diarias, sería una guía práctica que ayudaría a numerosos niños y adolescentes a resolver sus problemas, evitando que lleguen a ciertos límites catastróficos. Solo con incluir una asignatura que les ayude a expresar lo que sienten, a entender mejor lo que viven y a orientar sus emociones mediante una escucha activa, se daría un gran paso. Esto facilitaría un mejor acercamiento y unión entre alumnos y profesores, e impactaría positivamente en la salud familiar. No solo en los centros educativos, sino en todos los ámbitos de nuestra vida, deberíamos aprender a responder a las reacciones del organismo frente a lo que pensamos y percibimos del exterior. Porque, si no sabemos identificar qué nos está pasando y para qué sirven estos cambios emocionales, avanzaremos poco y nos encontraremos en un pozo oscuro de lamentaciones sin saber cómo salir.

La sociedad, a medida que ha evolucionado tecnológica y científicamente, ha otorgado mucho valor e importancia al nivel intelectual del individuo. Ha buscado aumentar sus conocimientos mediante ideas fijas, obsesionándose con la razón y el pensamiento, dejando atrás la inteligencia más importante: la emocional. Esta inteligencia nos permite entender qué ocurre con nuestras emociones, tanto en nosotros como en los demás. Además, favorece la autoconciencia, una indagación en nosotros mismos y una exploración profunda para detectar cómo nos comportamos al relacionarnos con el entorno. Se trata de una búsqueda para entender esta rueda de altibajos, donde a veces nos sentimos supergeniales y otras veces parece que la vida nos devora. Una ruleta de reacciones psicofisiológicas que alteran nuestro cuerpo y desorientan nuestra atención, siendo un campo esencial y hermoso que forma parte de nuestra biología interna y que nos permite expresar un lenguaje no verbal mediante gestos faciales y posturas corporales.

Esta capacidad de procesar nuestras emociones y adentrarnos en su naturaleza profunda nos brinda la oportunidad de experimentar una sensación de búsqueda espiritual. Una llamada hacia el desarrollo transpersonal que nos impulsa a querer comprender el origen de las emociones, sabiendo que están ahí no solo para sentir dolor, sino para vivirlas y experimentarlas. Aquí es donde muchas personas han caído, siendo prisioneras de estos estados sin lograr cambiarlos, dejando su vida a la deriva. Sin embargo, esto es un error, ya que las emociones nos ayudan a forjar nuestro espíritu guerrero de mejora continua, a volvernos más fuertes y a encontrar la receta mágica que las transmute en un grado más elevado, amoroso y en paz.

La receta para entender nuestro mundo interior es el autoconocimiento, la puerta hacia la liberación de nuestras reacciones automáticas y resistencias en el cuerpo. Imagínate que dentro de ti hay autopistas y canales por donde circula toda la energía, y en tu interior se encuentran las emociones que sientes en este momento. Si te sientes irascible o triste, esto repercutirá en tu campo vibratorio, creando una oposición en este flujo, llevándote a sentirte mal, desubicado y en desequilibrio contigo mismo y con el mundo que te rodea. Por lo tanto, repercuten directamente en nuestro estado de ánimo y es vital que las acojamos de manera flexible, llevándolas al terreno del entendimiento y dándoles su reconocimiento. Cuando sientas una emoción y veas que te va a sacar de tu centro, permítete sentirla y deja que te penetre hasta lo más profundo, que llegue al trasfondo de tu alma. Date la oportunidad de que estas vibraciones pasen por tu cuerpo mientras percibes cómo te vas sintiendo. Observa cómo, al dejarte sentir y al soltar las resistencias, todo empieza a cambiar y la emoción se transforma; no se queda estática, evoluciona, y puedes ver cómo lo inexplicable empieza a suceder cuando te dejas llevar, confiando y abrazando tu mundo interior. Una de las experiencias más enriquecedoras de la vida es poder explorar nuestras emociones, vivirlas al máximo y ver cómo nos llenan de vida.

La inteligencia emocional se ha convertido en una herramienta indispensable no solo para forjar relaciones sanas en el ámbito familiar y laboral, sino que también se ha transformado en un potente recurso de éxito en el desarrollo transpersonal del individuo. Un salto hacia la conquista y autodominio de uno mismo que impulsa la obtención de mejores ingredientes como la autocrítica positiva y la creatividad. Esto se observa con gran impacto en las empresas. Los empleados con una mejor gestión de las emociones son más eficientes en el trabajo, resuelven problemas con mayor facilidad (creatividad) y la cooperación entre los trabajadores se amplifica gracias a la empatía. Esta habilidad, que nos ayuda a conocer el lenguaje emocional, tiene tanto poder que aumenta la motivación del individuo para solucionar los problemas cotidianos eficazmente y favorece la exteriorización de lo que sentimos. La inteligencia emocional juega un papel importante en el liderazgo, en el éxito y en el fracaso en las relaciones humanas.

El factor clave para mejorar tu vida es recomponer tu estado mental y, para lograrlo, debes permitirte expresar las emociones y aceptarlas sin resistirte a ellas. De esta manera, comienzas a crear conciencia en ti, explorando y desarrollando tus habilidades para incorporar las emociones que más te incomodan, dejando que atraviesen tu fuero interno. La manera más eficiente de hacerlo es sentirlas y observarlas. Así, te darás cuenta de cómo van cambiando mientras estás sentado como espectador. Te sorprenderás de la rapidez y de lo sencillo que resulta una vez que lo practiques y lo conviertas en rutina diaria.

A continuación, te dejo algunos pasos que puedes implementar para aproximarte a la comprensión emocional:

1. Una gestión sosegada de la conducta y el mantenimiento del equilibrio en la impulsividad te ofrecerán una vista amplia del estado de ánimo en el que te encuentres.

2. Desarrollar una escucha activa que penetre en el alma de los demás no es sencillo. Prestar atención a cómo escuchamos debería ser una prioridad, porque no es lo mismo escuchar que oír. Son dos enfoques completamente distintos. Por lo tanto, es vital practicar la atención constantemente. Así aprenderemos a gestionar nuestro mundo interior.

3. Sé flexible contigo mismo y con los demás. Ser adaptable es fundamental para enriquecer la inteligencia emocional. Un estado de apertura y aceptación nos invita a comunicarnos con las emociones a través de la empatía y el acercamiento, llevándonos a solucionar el problema.

4. Otra técnica poderosa que nos nutre y nos calma es la autorregulación, ya que potencia el desarrollo de las emociones, solventando las vivencias que nos perturban desde un enfoque creativo y constructivo.

5. Tu mejor amigo, el silencio. Un encuentro donde puedes establecer una relación directa con tu ser. Date un respiro y proponte un tiempo determinado para conectar contigo mismo. Ten en cuenta que cuanto mayor sea ese contacto directo, mejor será la comunión con tu cuerpo.

6. Un recurso meditativo valioso que no debemos olvidar es la atención plena, ya que contiene enormes beneficios, como estar más enfocado en el presente, mejorando la lucidez y ayudándote a liberar los bloqueos que te impiden sentir las emociones. Gracias a esto, podrás incorporarlas adecuadamente dentro de ti.

Como hemos visto, las emociones son un componente fundamental en cómo nos relacionamos, ya que nos hacen expresar lo que sentimos. Una inteligencia emocional adecuada fortalece, educa, sana y evoluciona al ser humano, porque gestionamos conscientemente los eventos.

De esta manera, tendremos una postura mucho más positiva y una actitud diferente frente al fracaso. El verdadero éxito consiste en arreglar tu vida, lo que implica adoptar una perspectiva diferente sobre cómo te relacionas con tus emociones.

Reconocer y aceptar nuestras emociones es fundamental para que nuestra salud se refleje en el trabajo, las relaciones y la economía. Aceptar desde la resiliencia y la gratitud por lo que nos enseñan y nos hacen sentir nos permitirá adaptarnos y experimentar sensaciones que llenan la vida de color y belleza. Sin estas emociones, nada nos impulsaría ni nos movería con su chispa emotiva.

11. Busca la luz y síguela, ese es el secreto

El día que recibí el aviso de que debía prestar atención a algo diferente, sentí que todo en mi interior comenzaba a bombardearse de información, como si extraterrestres de otro planeta estuvieran contactando conmigo mediante una «wi—fi mental». La velocidad a la que llegaban los mensajes, llenos de incógnitas, y las cuestiones que pasaban por mi mente me ponían, en muchas ocasiones, contra la espada y la pared. Los esquemas que había construido durante años empezaban a tambalearse, buscando puntos de apoyo donde sostenerse. Sin embargo, la claridad con la que veía estos mensajes era tan esclarecedora que me dirigió completamente hacia la voz de mi ser. Fue un encuentro con lo que, en aquel momento, parecían dos mundos chocando entre sí, pero en lo más profundo sabía que allí se encontraba una verdad, un sentido a esto que llamamos vida.

Las puertas de la realidad comenzaron a abrirse desde que empecé a usar el discernimiento y a mostrar el corazón al mundo. Al comenzar a sentir y a ponerme en la piel de los demás, entrando en lo profundo del alma, se me revelaban detalles nuevos que antes no veía, y las direcciones de mi camino perdido cobraban orientación y orden. Una nueva realidad emergió lentamente ante mis ojos, guiándome hacia una dimensión oculta, una espiral de continua evolución trascendente donde todo cobra luz en su totalidad. Un propósito que vamos tejiendo con cada paso que damos en el camino. La revelación de lo que estaba destinado a ser se hizo visible mediante señales tan transparentes que me indicaron hacia dónde debía dirigirme. Este mapa se desplegó a medida que dejé de racionalizar las cosas y permití que mi intuición, mi alma, me guiara. Desde entonces, todo comenzó a iluminar mi vida, ofreciéndome la posibilidad de entrar en el reino mágico del cielo, como yo lo llamo, el espacio sagrado que me permitía soltar, transformar, transmutar y sanar.

El mensaje que comparto contigo es que existe una única verdad de la cual formamos parte, porque venimos de una realidad que no es esta y se encuentra más allá de nuestros ojos físicos. Una esencia universal e inteligente que has venido a recordar y a expandir por toda la Tierra. Un propósito álmico que espera ser descifrado por ti para que vuelvas a sintonizar con este amor cósmico, una unión contigo mismo y la divinidad. Esta chispa de luz del espíritu te mueve hacia la conexión con lo sagrado y con las partes espirituales de tu esencia, llevándote por el camino de la rectitud donde hallarás experiencias transformadoras y elevadas de consciencia.

En cada ser humano se halla un gran poder, y nuestro objetivo es despertarlo. Pero, ¿cómo podemos despertar algo que ni siquiera sabemos que existe? La manera en que nos planteamos esta cuestión nos despista un poco, y, obviamente, ningún sabio ha aprendido su saber mediante conocimientos técnicos. La experiencia siempre ha sido la riqueza de la vida, lo que nos nutre y aporta gran sentido, llenándola de valor y belleza. La sabiduría es la gran memoria a la que accedemos paso a paso en el curso del camino, mientras vamos accediendo a los registros del alma. No se trata de averiguar si algo existe o no. Cada etapa que atravesamos nos hace ver diferentes perspectivas y resonar con distintos lugares y personas. Nos cautivará cada caída y error que cometamos, porque de esos tropiezos se forma el verdadero maestro impecable. Esta es la guía que mejor te impulsa hacia el logro de lo que deseas alcanzar. Un destello revelador de los pasos que debes dar te lo ofrece ese escalón que no supiste prever o esquivar, siendo la trampa el mejor entrenador que tenemos para adquirir habilidades y evolucionar como raza. El camino puede resumirse en que, si queremos mejorar en algo y darle claridad, debemos ponerle la acción necesaria y la intención consciente de que lo vamos a conseguir, volcando el alma en ello. ¿Qué me puedes decir de tu vida? ¿Está encendida la bombilla de la coherencia cada vez que te relacionas con tu entorno, tus amigos y familia? Si no es así, ahí es donde debes aumentar la luz, hacer que crezca generando cambios electromagnéticos dentro de ti que puedan expresar fuerzas más armónicas en eventos futuros. Un juego que solo quiere ver cómo te desarrollas y te das cuenta de que estás aquí para encontrar esa semilla de amor. Una misión que forma parte de tu anclaje en la coherencia, en una nueva dinámica en la que se va expresando la luz divina de Dios.

El secreto escondido detrás de todas las preguntas que nos formulamos y para las que no tenemos respuesta siempre nos llevará a la incertidumbre y a una búsqueda de contacto y relación directa con una entidad que está muchísimo más elevada que nuestra mente dualista: la inteligencia creadora. El ser humano, desde que tiene uso de conciencia, en su parte más profunda, desea y anhela esa conexión porque forma parte de su naturaleza divina. Siempre ha buscado el método para encontrar eso que no se puede definir. Es cierto que existen múltiples vías para ofrecer al ser humano una guía con la que poder crear una vida más armoniosa, por ejemplo, desde el punto de vista filosófico. Entre ellos, Pitágoras, Platón, Sócrates, etcétera. Cada uno de ellos fue un gran visionario porque tuvo la valentía de cuestionarse el mundo en el que vivía. No se conformaron con esa perspectiva reduccionista y esclavista de lo cotidiano. Tuvieron el valor de ir más allá y escudriñar los elementos que gobernaban al hombre. La virtud que demostraron hacia el ser humano, dejando esa huella, ese toque reflexivo con un matiz de espíritu, creó en la humanidad una nueva manera de comprender el mundo. Una óptica desde un conocimiento distinto que podía llegar a transformarnos, superando nuestros deseos y sobreponiéndonos a las penurias. Esto cambió la manera de relacionarnos y de pensarnos dicotómicamente. La valentía que ellos demostraron fue heroica en el sentido del coraje por defender las altas y nobles capacidades del ser humano. Ellos sabían que detrás de estos velos que nos cubren los ojos se encontraba el reino donde todo es permanente, puro y amoroso. Ellos lo hicieron y se desafiaron a sí mismos, ¿por qué no vamos a hacerlo nosotros?

Ahora todo está a nuestro favor: la era de Acuario nos está bañando con toda su fuerza para desarrollar la consciencia espiritual que nos brindará un sistema completamente nuevo de salud. Esta era, repleta de múltiples cambios, está relacionada con el desarrollo individual, tecnológico y la unión de la humanidad. También seremos partícipes de eventos espectaculares en los que muchas personas se reunirán y crearán nuevas formas de vida, sirviendo a la creación y al ser humano. Una responsabilidad tan bella en la que adquiriremos una mayor consciencia y liberaremos nuestras mentes de la ignorancia y servidumbre en busca de un mejoramiento continuo. Una época de transición donde veremos al humano redescubrirse y adentrarse en el terreno dorado de la espiritualidad, en la que la introspección, la sabiduría y la unidad con los seres de la Tierra prevalecerán. Una conexión tan íntima y potente de nuestro poder que la visión de lo que en el pasado nos era imposible, en esta nueva era será una realidad. La estructura de la cognición cambiará drásticamente porque estaremos dispuestos a afrontar los cambios venideros y a recibir el conocimiento necesario para nuestra conquista evolutiva. Una superiluminación que hará que las estructuras implementadas a lo largo de la historia caigan. Partidos políticos, líderes, anarquía serán reemplazados por una visión que favorezca a los seres humanos. El sentido común dará paso a las comunidades, generando una mayor cooperación entre los individuos y favoreciendo su integridad.

El ser humano tendrá que volver a aprender de nuevo porque todo su sistema mental caerá junto a su sociedad, a la que tanto estaba apegado.

Se dará cuenta de que debe volver a lo sencillo y esencial, aquello que es invisible a los ojos: el respeto, la fraternidad, el cariño, el desapego, el amor... Debe emprender el camino hacia su hogar, donde volverá a estar con Dios y encontrará esa luz necesaria para vivir con sentido, humildad, abundancia, prosperidad y, sobre todo, con lo más fundamental: la salud.

Lo que ha de venir se hará desde el equilibrio y el amor hacia el planeta y la humanidad. Estaremos dispuestos a crear nuevas oportunidades para que la libertad sea uno de los pilares básicos. Lo nuevo que veremos será una transformación a nivel global en todos los sectores; la economía digital dará un gran salto evolutivo con nuevos sistemas que fomentarán el crecimiento y la innovación, ofreciendo oportunidades de riqueza y sostenibilidad. En la salud se verá claramente la mejoría, combinándose la medicina naturópata y alopática, lo que permitirá una comprensión total de los procesos que llevan al individuo a enfermar y a sanar. La cosmovisión tradicional y los términos que engloban al hombre y su relación con los elementos que lo identificaban quedarán completamente transformados por un cambio elevado de consciencia. Pasaremos de un mundo de escasez, desconocimiento y perversión neurótica hacia el entendimiento de las profundas leyes espirituales que lo gobiernan. Lo viejo, definido por una idea de realidad que empobrecía al ser humano dominado por el egoísmo, la lucha y la muerte, ahora será aceptado e integrado.

La sombra que siempre nos perseguía y que no alcanzábamos a mirar a los ojos, esta vez sacaremos de nuestro interior la valentía suficiente para arrancarla de nuestras entrañas. No digo expulsarla de nosotros, sino aceptar lo que no nos gusta, abrazando nuestra parte más monstruosa. Una maldición que nos ha perseguido hasta nuestros días y que, sin ninguna duda, también nos ha dado una gran lección: si quieres apreciar las cosas que llenan la vida de grandes obras y dan sentido a la existencia, debes haber pasado por un maestro que te lo haya hecho reconocer.

El pasaje de la oscuridad a la luz lo haremos todos juntos, cada uno en su proceso y lugar de la Tierra. La experiencia nos marcará un nuevo rumbo y una visión hacia lo imperecedero. La exposición de lo que nos causaba derrumbe en nuestros valores y virtudes se verá con más claridad, provocando una metamorfosis en nuestro fuero interno. Un renacimiento de lo que nos hará ser dignos de una calidad de vida magistral, donde nuestros corazones se verán envueltos en una llamarada de sueños tan espectacular que pasear por la Tierra será una bendición. Asimismo, el encontrarnos cada día con una puesta de sol o una ráfaga de aire y saborear esta delicia hará la diferencia entre la postura que nos envenena y la que nos sana. Una intuición tan fuerte como una roca que no se desvanece y que penetra en cada rincón de nuestra alma, alegrándonos cada segundo. Esto se debe a que estaremos más cerca de la verdad que nos ilumina; la brújula de esta fuerza divina que habita en nosotros, la luz mágica e invencible que realmente somos.

El camino de encontrar nuestra raíz y de volver a la unidad con Dios es volverse uno mismo porque somos iguales en esencia. Convertirnos cada día con nuestros actos y mejorarnos constantemente es el paso a seguir de nuestra naturaleza, que siempre tiende a la evolución. Por eso, nuestra voluntad es tremendamente fuerte e indomable; siempre que venga con la intención del alma y unido a un corazón puro, engendrará de esta simbiosis un nuevo caminante luminoso y empoderado de sí mismo. Un ser humano libre que puede enriquecer la vida de los demás seres de la Tierra, demostrándoles con su ejemplo y haciéndoles ver que dentro de ellos pueden convertirse en dueños de sí mismos si despiertan la chispa divina. Porque nuestro objetivo como humanidad cósmica es conectarnos a la consciencia de unidad que favorezca el despertar evolutivo de nuestra esencia universal. Por consiguiente, el paraíso terrenal emergerá y activaremos la luz que comienza en la escucha del corazón bondadoso. No olvidemos nunca que un parón en el día cotidiano ya hace crecer este silencio puro que nos encamina hacia el despliegue de nuestro don espiritual. En fin, la conexión con lo divino despierta en nosotros todos los sentidos y nos conecta a la riqueza más poderosa que existe: el amor.

Índice